那些MVP教我的三十件事,
不只是一場賽事,
輸贏之前, 是做好準備,
輸贏之後, 是團隊精神！

主播台下的
好球帶人生

知名主播
常富寧——著

｜推薦序｜

這是一群「人」的故事

Give2Asia亞太經理　張瀞仁Jill

湖人隊Fisher在最後〇．四秒把球投進籃框時，我在女生宿舍裡盯著電腦、埋頭準備留學考試和資料，刻意不理會關於比賽的一切。「耶，湖人贏了、贏了!!!!!明天妳請飲料喔，嘿嘿嘿……。」螢幕上突然跳出補習班同學的訊息，我彷彿看到他又叫又跳、狂笑到快昏倒的樣子。這是我人生中第N次賭輸，本書的第一章。

直到現在，因爲跨國工作的關係，我的工作日總是清晨六點多開始，夏天早晨對我來說，就是咖啡、越洋會議，配上美國職棒大聯盟的轉播。但這假掰的成分比較高，畢竟一大早又要用英文開會，早讓大腦CPU超載，根本無法分心看比賽。眞要說的話，這比較像是陪伴，一種上班族之間「哈~你們也這麼早起上班啊」的心理安慰；而常主播的聲音，就是陪伴棒球迷度過無數夏日早晨的「MLB之聲」。

跟他的外表有點反差，常主播的文字細膩、風格扎實謹愼，

早已超越棒球、超越主播檯、超越運動場地的限制。從輸了賭局那天之後，我沒想到Fisher又經歷了這麼多在籃球場外的奮戰。對我來說，這段故事遠比那〇・四秒進球更像奇蹟，而讀著這本書的過程，我就像見證一場又一場的奇蹟。我看過Andy Roddick爆氣摔球拍無數次，知道他一點也不意外地娶了金髮碧眼魔鬼身材的泳裝模特兒，但他竟然會是主動讓出冠軍獎盃、只爲符合運動家精神的人!?我知道超級經紀人Scott Boras和他異常強大的數據部門，但沒想到在他之前，叱吒風雲的史坦伯格的戲劇化程度和他相比有過之而無不及。

我常覺得運動最迷人的地方，在於這是一群「人」的故事：有的大起大落、有的在逆境中奮力一搏；有的咬牙對抗資源是自己上萬倍的對手、有的做出無比犧牲只爲有機會參與其中……這麼多努力、這麼多失敗，不就是我們的人生？謝謝常主播用他讓人驚嘆的文獻考察能力，跨越時空、運動、性別、賽事，把這麼激勵人心的故事分享給我們。能用一本書的時間，得到如此高純度的人生智慧，我打從心裡感激。

噢對了，身爲不喜社交的文科女生，「會看運動比賽」是我內向人生中最幸運的事情之一，它幫我認識朋友、找到工作、在國際職場上有預設話題，當然也在低潮時給我許多力量。希望這本書也能幫助你往美好的方向前進。

| 推薦序 |

你是如何愛上運動賽事的？

資深球評　曾文誠

你爲什麼會想看運動賽事，或是愛上運動賽事？

可能是……那是讓你熱血的地方，看著運動員奮力的拚戰，這讓你充滿了正能量。

或許是……運動賽場是讓你舒壓的地方，喊喊叫叫外帶罵罵球員、教練，白天的壓力多少也紓解了一下。

應該是……是一個傳承，從祖父執輩開始，看球支持某隊成了家族、地方的傳統。

一定是……一種社會人際關係的建立與維繫，找同學、同事一起去看球增加友誼，或不看點什麼，深怕跟往來交際圈話題斷線。

恐怕是……屬於「經濟利益」性的，誰輸誰贏？和你口袋錢財進出的數目有直接關係。

運動賽事之所以吸引人，應該就這些了。那你是否曾想過，它有些價值是我們所忽略的，那屬於場外，一種人類方能擁有的情感部分呢？

常富寧嘗試用他的筆來告訴我們這些。講起來這是富寧的第二本書，但卻是他扎扎實實親手寫（這年頭應該說是用打的）的第一本著作。

富寧形容他這本書是「生平孵出的第一個蛋」，依我所知要孵出一顆蛋，母雞要一直蹲坐在雞蛋上面，讓蛋保持它一定的溫度，所以這個過程母雞不會隨便離開，聽說三個星期左右蛋就孵出來了。如果說富寧能像倪匡、李敖那般地快筆，二十一天就產出一本書，我會非常佩服他。但書可讀性高不高和寫的速度沒有太直接關係，事實上富寧此書從蘊釀到各位拿到手上，所花費的時間精力，孵個蛋有餘、蓋個雞場都夠。

這本書很值得一看的是，裡頭出現的人物涵蓋各主要運動賽事，這裡面不全然是明星級人物，也不按大小牌排序，你甚至還能見到台灣投手林克謙。這麼多故事在其中，你問我哪一篇最令我感動，很難比較，老實說，二○○四年紅襪隊奪冠那一次，那個過程中，絕對是未來傳世經典的那一盜，我正好和富寧坐在轉播室一起見證這場比賽，所以講起來是特別有感。今天我們回想那場比賽，首先應該先用一句話來形容——養兵千日用在一時。交易了一個年紀大但速度依然在的選手Dave Roberts，目的就在關鍵那一刻讓他跑，結果Dave Roberts成功了，且慢！他成功了？沒錯啊！事實就是裁判判定安全上壘，接著下來是適時安打追成平手，十二局延長賽戲劇性的再見全壘打。但有沒有想過如果故事不是發生在二〇〇四年，而是當今能用電視重播判決的年代，如果洋基提出挑戰，如果是改判，那麼歷史會不會重寫？

這就是運動賽事或是人生另一迷人之處，永遠沒有「如果怎樣、那就如何」的答案，這本書也充滿了這樣的故事，一個決定、一個念頭及轉折，就人生大不同，這都值得各位去細細品味。

| 推薦序 |

你，才是目的地，你，就是MVP

企業講師、作家、主持人 謝文憲

知名跑旅汽車廣告有句台詞：「人生想去的地方很多，也許是很高的成就，也許是很美的風景，但不要忘記，有個地方，叫做自己。」

我對這句話很有感覺，就像我對常富寧在每一場棒球比賽中，所扮演的綠葉角色一樣。

身為一個看球四十餘年的老球迷而言，我早對球賽的輸贏沒有太多感覺，取而代之的是，看看每場比賽中那些尚未成為MVP的球員，他們的表情、神韻、舉措，更讓我心領神會、心曠神怡，甚至感動莫名。

早年，我實在無法體會這種感覺，直到透過常富寧的視角，觀看每一個我想觀看的種種，以及每個鏡頭下的人物。

說眞的，球賽主播，甚或是球評，是一個可有可無的角色，撇開語言的隔閡不看，好的攝影師甚至都比他們重要。但神奇的是，我是透過收聽廣播，才認識棒球與籃球的，更是透過常富寧、曾文誠等球賽專業講解職人的視角，才認識美國職棒與日本職棒的。明明我自己都看得懂，爲何非得透過他人的解說與觀察呢？

差別就在球員的故事與觀眾生命間的鏈結。

他是天天泡在比賽中的人，而我僅是個偶爾觀看的觀眾，二十多年的奮鬥，成就他是位球賽轉播的專業職人，而我僅是一位比球迷更熱情一些的大叔而已。

我很喜歡這三十位MVP的故事，雖然我大多不太認識，但透過常富寧的觀點與筆觸，我對他們好似熟悉了起來，尤其是每則故事後方box「常Sir的Memo」，更有畫龍點睛、神奇收尾的功效，感覺就像九局下半的史詩劇場般，讓人回味無窮、津津有味。

其中〈險些被眼淚淹沒的棒球人生〉林克謙的故事、〈用橄欖球調和人性〉曼德拉與打不倒勇者的故事、〈向第二偉大的記錄致敬〉比利比恩與魔球的故事，三篇最深得我心。無論是台籍選手，甚或是運動故事改編成經典電影的幕後導覽，都讓本書有了最大的價值——作者用他獨特的視角與觀察，訴說每位MVP在到達運動領域最高殿堂的目的地前，挖掘出他們最好的自己的精采過程。

而「王者無懼逆轉勝」、「運動家精神」、「相信自己才會贏」、「綠葉是關鍵」正是好球帶的四個角，讓讀者的眼光始終注視著常Sir設定的好球帶中，聚精會神地凝視著每篇文字。

「常富寧，無可取代的綠葉，他是主播MVP。」

推薦短文

一個工作經歷遍及各行各業的體育主播，所撰寫的三十個運動MVP故事，行筆有神，激勵人心，值得一看再看。

——國立臺灣師範大學優聘教授兼運動休閒與餐旅管理研究所所長　湯添進

從各個不同角度詮釋體壇的MVP，故事精采，是熱愛體育的人一定要看的一本書！

——風雅國際娛樂總經理　劉紀綱

運動不只是關乎金牌而已，人生的智慧都可以從中體悟，本書透過常大哥三十個體育人故事，讓我們洞悉勇氣與能量。

——知名作家、棒球主審　劉柏君

跟Francis認識很久，同為媒體人、我最羨慕他的一點就是：他播的東西都是他眞正熱愛的，而我播的東西大多是我根本不想看到的……（有誰會整天想看殺人放火、立委打架，跟行車記錄器的車禍撞飛一瞬間？）

但身為球賽痴爸爸的獨生女，我從小接受各種運動節目薰陶，也熱愛體育比賽。這本書裡有三十篇故事，每位都是知名球星，我認識他們，卻不見得都熟悉故事中的場景、及場下那些看不到的努力與感動。透過Francis的眼和筆，現在我們有機會一起感受。這是本值得收藏的好書。

——名主播、資深媒體人、名節目主持人　蕭彤雯

｜自序｜

十年磨一劍的運動家精神

從小，常富寧作文寫得還算不錯，也參加過幾次學校的作文比賽；如果你告訴我他能寫書，我會堆起一個禮貌性的微笑，心中默默地想著：「就憑他這種沒有特色的文筆和詞藻，參加聯考唬唬人還可以；但是他要寫一本書？這是有事嗎?!」

誰想得到，今天我和你一樣正在一頁又一頁地翻閱著他的第二本書，這個場景眞是讓我第二副眼鏡也碎了滿地！聽他說如果不是有很熱心的前輩，加上很會鼓勵他的好朋友們，以及不怕書賣不出去的出版社編輯很大膽地坐在他面前，煞有介事地一起天南地北、天馬行空地亂想，而且還用力爲了他規劃這本書的內容大綱的話，恐怕這本書的誕生也只不過是茶餘飯後的紙上談兵。以前，我想會在書店裡看到一本和「常富寧」相關的書，那不過就是曇花一現的機緣巧合、一百零一次的巧遇……就像是在球賽中還沒練過球就上場，結果打出一支矇到的德州安打；可是這一次有點不同。

雖然是陳腔濫調，但是我想用「孵蛋」、「孕育」這樣的詞彙來形容他的寫作過程，依舊是很貼近眞實的。這次「人生解鎖之常富寧的胡言亂語」主要的架構還是想跟你分享一些他所知道的運動故事。在書中看到的是就在你我身邊的選手、已經過世的傳奇，聽得見熟悉的場邊記者、還有少之又少的女子相撲，由〇．四秒奇蹟式的贏球一路看到十年磨出一劍的國族融合大業，熱血沸騰和熱淚盈眶幾乎就比鄰而居；這樣的內容也算多元、豐富，更重要的是書中所提及的人事物不管經歷了何種遭遇，他們總是正面思考、積極以對！

前幾天跟他聊到爲什麼想寫這本書？他居然很直率地說：「這就是編輯厲害的地方啊！」害我少糖又少冰的奶茶一下子噴出去了一半！後來，他告訴我：是運動員在比賽中一而再地拿出挑戰自我的態度和超越自己的成績，讓我們對於體育賽事熱衷不已，充滿期待。但是在實際的數字以及精神層面之外，可能我們都忽略了許多背後不爲人知的眉角、故事或努力。他希望除了運用聲音和運動迷分享，也能用文字記錄下來；透過文字和照片的傳達方式，讓這些無形的精神力量成爲每一個人都可以擁有的有形後盾。

過去，他的書告訴你的是他自己的故事；現在他寫給你看的是別人的故事。上一本書以口述方式娓娓訴說，在你手上的這本新書是由他一筆一劃堆砌而成；從構思到躍然紙上大致三百多天，每一個標點都加入了自己的心跳，每一個段落都代表了需要中場休息的暫停，乃至於每一個字都是他搜索枯腸的筆觸。在寫作的修羅場上表現的可能有點粗糙，不若知名作家下筆就揮灑自如、洋洋灑灑、大鳴大放，可大部分是他個性上的眞實呈現。

他也告訴我：「最要感謝的是在我身邊不斷鼓勵我，從不打擾我，也從不催促我的好朋友。其中有告訴我怎麼說故事的人，有敲碗要幫我寫序的人，還有總是被我催促繳出讀後感的人。另外還有那一位願意等他慢吞吞交出稿子的編輯！是她的大無畏精神和寬容的標準才讓這本書得到付梓的機會。」

眞的很謝謝你願意買這一本、看這一本，甚至看完之後還願意放回書架上的一本由僞裝作家所寫的眞實故事書。

人生中，當你很認眞地去嘗試原本你以爲自己做不到的事情，最後通常會有成功的機會；相反的，當你不認眞地去做一件你很在行的事情時，反而可能會失敗。

最後，他特別提醒我要記得提到他的一個小心願：雖然出版事業有種夕陽無限好，只是近黃昏的唏噓感；和過去相比，現今的實體書籍可能少了些許往日那種搶鏡的風采，但一本好書在手，一杯好茶在握，仍然是一個悠閒、精采的午後恆等式。他衷心地期待這本書可以爲出版事業帶來的是訂單，不是負擔！如果這三十個故事中有一篇文章，或者也許只是一句話觸動了你的腦波、產生了共鳴，那他一定會「開心屎了」！

祝福大家都平安。

寫於新冠肺炎解封前，台北。

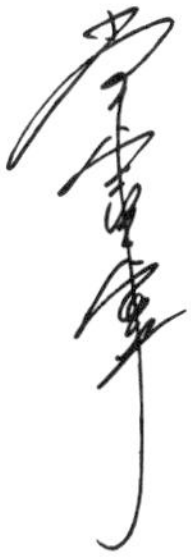

目錄 CONTENTS

PART 2

運動家精神

PART 3

相信自己才會贏

PART 4

綠葉才是關鍵

PART 1

王者無懼逆轉勝

充滿驚嘆號的
「一眼瞬間」！

Derek Fisher

Ervin "the Magic" Johnson

Tracy McGrady

Boston Red Sox

Ko-Chien Lin

Ryan Korengel

Tiger Woods

○・四秒的王者

湖人隊費雪 Derek Fisher

在一支有小飛俠布萊恩（Kobe Bryant）、俠客歐尼爾（Shaquille O'Neil）、手套佩頓（Gary Payton）和郵差馬龍（Karl Malone）的湖人隊之中，大概任何一位籃球選手的星度，在霓虹燈下都只是一盞微不足道的油燈，負責襯托出其他四位名人堂球員的光環。

在這樣的湖人隊想跳出來當左右勝負的英雄，旁人會笑笑地說：「想太多了吧！」但是這個故事的主角，不但成就了他職業籃球生涯中的經典時刻，同時，回到生活中身爲人父的他，也是個不折不扣的英雄。

費雪（Derek Fisher）在一九九六年的選秀會上，被湖人隊以第一輪第二十四順位選中。在二〇〇四年NBA季後賽時，西區聯盟的準決賽由湖人和馬刺交手，在二比二平手的情況下，聖安東尼奧的馬刺隊主場正進行第五戰，這個大概是季後賽史上最精采刺激的二十八秒，進入到了拉鋸戰。剩下五．四秒時，馬刺還落後一分，陣中的頭號長人、也是明星球員的鄧肯（Tim Duncan）展現了超強的抗壓力，人都已經被擠歪了，居然還能在弧頂穩定地投進一個遠距離兩分球，也確認主場球隊保有最小的領先優勢。地主球迷大概覺得今夜籃球的上帝穿的應該是馬刺隊球衣；計時器上的〇．四秒讓馬刺隊的球員和球迷又跳又叫，彷彿勝利已經到手了。

在另外一邊的板凳上，湖人隊的球員人人面面相覷，比賽只剩下〇．四秒，教練團隊必須在比賽暫停六十秒內想出一個可以讓小飛俠在〇．四秒內接球，並且有立刻出手投籃機會的戰術！就是在這種時勢造英雄之際，湖人隊發前場界外球，全場球迷見證了球場上的奇蹟！

於戰術的設計中，費雪絕非決定比賽勝負的第一人選，甚至可能連第三人選都排不上！這個籃球絕對是想傳給小飛俠布萊恩，但是馬刺隊的防守完全針對他，利用兩人包夾防守，讓他連接球的機會都沒有。就在千鈞一髮的時候，費雪突然間衝了出來！從他接球、轉身、出手投籃……這○．四秒大概有十秒鐘那麼長，球場中的一切彷彿停滯下來，空氣忘了流動，人人忘了眨眼，超過兩萬雙眼睛盯著那一顆在空中的籃球！而這一個球劃出了一道幾近完美的弧線，準確地命中目標，掉進了籃框。那一剎那所有和馬刺隊相關的人事物都瞠目結舌，所有湖人隊的隊職員欣喜若狂！沒有人想得到英雄會是他——費雪！

而這一個精采，令人屏息的瞬間，注定要在NBA史上寫下屬於它的一頁！

這是球場上的英雄費雪。

二○○六年，也是他締造了○．四秒的奇蹟之後兩年。費雪已經投效猶他爵士隊。剛剛簽下新合約的他，同時也才和妻子在不久前組了新的家庭。帶著妻小（兩人前一段婚姻各有子女）到了一個不同以往、一個和洛杉磯截然不同的地方——鹽湖城。這是個以摩門教爲主的傍山城市，人人自律寡欲……，和五光十色的好萊塢根本南轅北轍。正當費雪的新生活即將開展的同時，一個巨大的挑戰也正在不遠處等著他。

首先是夫妻倆沒預期到的意外懷孕，而且還是一次兩位女孩兒！讓他們幾乎沒時間爲這一個轉變做好準備。就在兩個新生兒報到了以後，原本把重心放在球場上的老爸，曾經坦承要分心照顧兩個小孩對他來說確實不容易。

經過了八個月，那是個在球季中再平常不過的一天，正在練球的費雪老爸接到太太肯迪絲打給他的電話。電話中的太太語帶憂心，原來是因爲醫師在例行檢查之後告訴她，他們的新生兒雙胞胎姊妹花泰妲眼睛出現異狀，建議父母親帶著她找專科醫師做更進一步的深入檢查。

在仔細檢查後，確診泰妲得到了一種極爲罕見的癌症——視網膜母細胞瘤。這種疾病的發生機率只有百萬分之三左右。如果近親之中沒有人有罹患這種疾病的記錄，那就是源自於視網膜母細胞突變才會形成病症。當時，泰妲的左眼視力只有正常新生兒的百分之十，醫師建議直接把左眼球摘除，避免進一步的擴散。

「Retinoblastoma」這個英文單字對你我來說可能就像是由左到右書寫的英文字母，認識它的人比認識我的人多不了太多。對一位在球場上殺進殺出的後衛來說也是素昧平生，然而此時的他就是一位焦急萬分的父親，即使英文是他的母語，艱澀程度大概也只能讓他先買本牛津字典才能了解這個單字的意思。

自此之後，只要聽到這個單字，做父親的費雪心中的恐懼是可想而知的。心疼他的前世情人在治療期間身心所受的痛苦，那眞的是痛在父母的心裡！擔憂的是癌細胞的轉移和會不會直接喪失左眼？而在當時，摘除眼球是絕大多數的醫師面對視網膜母細胞瘤唯一的治療方式。

「面對小女兒嚴重的病情，以及未來對她可能產生的影響，我就像所有的父親一樣無助。」

很幸運地，這一家人輾轉認識了兩位專精於皮下動脈注射化療的醫師。這一項創新的技術在當時是醫學界所僅見，只有十四位病童曾經接受過這種特殊療法，泰妲準備成爲下一位接受新世代治療方式的病童。費雪在整個球季心情七上八下的繫著十個月大的女兒，而籃球對他的重要性不再是過往的No.1。

就在二〇〇七年的西區聯盟季後賽，爵士隊和勇士隊在準決賽廝殺，這位爵士隊後衛因爲在紐約陪著小孩接受診療，已經錯過了第一戰，第二戰就在一天之後。巧的是，兩位在紐約的醫師也知道季後賽的重要性，其中一位法國醫師來到洛杉磯行醫九年，是湖人球迷，而費雪正是湖人隊史上的英雄之一。另外一位美國醫師則是一九六〇年美國奧運游泳代表隊的替補選手，深知身爲運動員的競爭心態。他們都想爲費雪的女兒安排最合適的手術時間，以便他可以趕回球場爲球隊出賽。

只有費雪一個人不在意。「只要能夠讓我的小孩走上痊癒之路，錯過幾場比賽也沒有問題。」他說。

第二戰，搭乘球隊專機回到球場的費雪受到英雄式的歡迎！而四天沒碰球的他也不負眾望，正規時間終場前二十七秒造成了對手的重要失誤；還在延長賽投進重要三分球！最後在七戰四勝制的系列賽中取得二比〇領先。

爲了給泰姐最好的醫療照顧，他們必須搬回洛城。這也代表了費雪得自行和球隊解除剩下的三年合約。可觀的醫藥費用加上收入出現缺口，根本就是讓人抓破頭皮的恆等式！然而，湖人隊在這個關鍵時刻給正在找工作的他另外一份新合約，也紓解了他的部分壓力。在接下來的四十四個月中，泰妲又接受兩次精密的動脈注射化療，在醫師和家人的悉心照顧下，她的左眼視力回復了五成，而且癌細胞也已經完全消失。

經過這一場和疾病拉鋸的戰鬥，費雪看著日漸恢復身體健康的女兒，心頭的重擔終於可以稍微放下，他也坦承，如此蠟燭燒兩頭的經驗著實讓自己又成長不少。

試問，在你的眼中，費雪是成就夢幻時刻、肩負球隊勝負的〇．四秒英雄？還是勇氣可嘉，帶領全家人一路向前、成爲家庭的支柱，陪著自己的幼兒打敗病魔的英雄？我想，斯二者概皆有之吧！

常sir的Memo

費雪為後衛，是少數有五枚NBA冠軍戒指的選手。曾效力過湖人、勇士、爵士、雷霆、小牛……等NBA球隊，小飛俠布萊恩公開表示過費雪是他最欣賞的隊友之一。現為WNBA火花隊總教練。

A Magic Night for the Magic

湖人隊魔術強森 Ervin "the Magic" Johnson

綽號叫做「魔術強森」的美國職業籃球（ＮＢＡ）的湖人隊明星球員Ervin "the Magic" Johnson，是我小時候第一位崇拜的職業籃球選手。在那個只有台視會播放早就已經比賽完的ＮＢＡ賽事的年代，我媽媽喜歡中鋒天鉤賈巴（Kareem Abdul Jarrbar），對於他的右手鉤射讚不絕口；而我呢，喜歡慢慢把球帶過半場，而且屢屢妙傳助攻的強森。我記得我還不忘一再地告訴我母親：少了強森的傳球，賈巴可能根本得不了幾分！

然而，我想要介紹給大家的是一場我從來沒有看過的比賽，這一場比賽奠定了魔術強森在ＮＢＡ的歷史地位——ＮＢＡ一九八〇年總冠軍賽第六戰。

首先，我們先回到許多人可能還在喝母奶，或甚至還沒出生的一九七九年。四十年前的美國大學男子籃球錦標賽的冠軍決賽，是當時造成萬人空巷、全美收視率最高的運動賽事之一的雙雄大對決；由魔術強森率領的密西根州立大學，打敗了另一位籃壇傳奇人物——大鳥博德（Larry Bird）所領軍的印地安那州立大學。這一年，二〇五公分的強森在NBA選秀會上以狀元之姿加盟洛杉磯湖人隊。同樣身高的博德，則是在前一年已經被波士頓塞爾提克隊挑走了。

有了史上身高最高的控球後衛加入，加上明星中鋒賈巴在禁區的威力，湖人隊準備要迎接紫金王朝[1]的來到。讓人意外的是這個王朝居然來的這麼快！七九年湖人隊只拿下四十七勝，八〇年就以六十勝二十二敗將排名從太平洋分區第三提昇到第一，同時賈巴也拿下例行賽的MVP，打進季後賽是想當然爾的結果。

來到季後賽的近身肉搏，這可不是嘻嘻哈哈辦家家酒的一般比賽！湖人隊以逸待勞，首輪迎戰鳳凰城太陽以四比一輕鬆過關。然而在西區聯盟冠軍系列賽強碰衛冕軍西雅圖超音速隊，首戰就輸在讀秒階段的關鍵罰球，但湖人毫不氣餒，接下來連贏三場，反而將超音速隊推向絕境。

第五戰在洛杉磯舉行，上半場打完湖人以五十四比六十二落後。一向不以情緒外顯著稱的賈巴於中場休息時間，在更衣室略帶火氣地鼓勵隊友在主場結束戰鬥，避免夜長夢多。這一戰，魔術強森在高燒三十九度的身體狀況之下，以大三元的表現（二十分，十籃板與十助攻）回應了老大的要求。聯手將紫金部隊帶進總冠軍賽！

在此之前，湖人隊上一次拿下NBA總冠軍已是八年前的事了，當年的榮耀早已成為湖人球迷在夜深人靜時的YouTube播放清單，人事自然也今非昔比。這一年，東區聯盟的冠軍費城76人隊是以黑馬姿態，以讓人撿不完眼鏡碎片的過程，打敗全聯盟戰績最佳的波士頓塞爾提克隊突圍成功，揮軍總冠軍賽。76人隊的主力組合有「一士三斯」——以J博士（Dr.J）為首，搭配暴力中鋒道金斯（Dawkins），鬼才後衛齊克斯（Cheeks），還有當年的防守大師瓊斯（Jones）。比賽繼續採七戰四勝

1　湖人隊的球衣顏色是由紫色和金色搭配而成的，加上我們會用「王朝」來形容一支球隊在某一項運動中稱霸一段時期。

制進行，而且湖人隊在前五場打完，在中鋒賈巴主宰了禁區的表現之下取得三勝二負的領先！

But，總是在文章裡、生活上正開始順遂的時候，會有一個「But」在這個節骨眼出現眼前。就在第五戰贏了比賽、卻輸了賈巴的湖人大軍，意識到下一場比賽球隊將在沒有中鋒的情況下和對方打第六戰時，在兵家必爭的第五戰中，賈巴扭傷了腳踝！這可是非同小可的一個But！因爲沒有了他，每一場比賽湖人隊可能要面對平均三十分的得分缺口，這根本是如同臭氧層破洞一般的難以彌補，還外加十八個籃板球可能盡入敵軍之手！這個傷勢的嚴重性，甚至讓湖人把已經訂妥的冠軍香檳留在家裡沒帶到費城！

他們只能做好準備，回到洛杉磯主場和76人隊火拚第七戰！如此一來，原本握有些許禁區的優勢將成爲劣勢；同時若是要打第七戰，雖然會再度回到自家主場，但是三比三的雙方平手，加上第七戰的壓力重重，到底誰能帶走歐布萊恩冠軍獎盃？就像扭傷腳踝的賈巴能否上場一樣，依舊是你不知、我不知，就連運動名嘴也只能靠擲筊才可能有答案。

（這時候，請下魔術師的出場音樂。）

就在全隊前往費城的包機上，魔術強森這一位NBA菜鳥就大剌剌地坐在平常賈巴所坐的第一排座位上，帶著微笑，用堅定的語氣告訴總教練和所有隊友：

「不用擔心、不必害怕，E. J.（Ervin Johnson）就在這裡！」這是哪來的自信啊!?

胸有成竹，磨刀霍霍的76人隊選手，帶著笑容在主場球迷面前熱身，這個時候他們還不知道即將面對到的狀況……。如果他們可以早點知道，那他們一定會先跟飯店勾結，把魔術強森鎖在房間裡！

開賽後沒有多久，魔術強森就用賈巴的成名絕招右手勾射投進兩分！咦，賈巴不是扭傷了嗎?!

接下來在這個夜晚所發生的一切，對於一心想扭轉劣勢，準備好要搭機前往洛城和湖人隊決一死戰的76人隊來說，就像是醒不來的惡夢。在這一場關鍵決賽中，在攻守的天平兩端，他從後衛打到中鋒！76人隊上下對於這一位NBA一年生根本沒轍，只能任由他穿針引線，頻頻得分！

當比賽只剩下五分鐘，湖人隊僅僅領先兩分的時候，強森一個人就攻下九分，爲球隊鎖定勝利戰果。當比賽的計時器歸零，攻下四十二分、抓下十五個籃板球，還傳出七次助攻的魔術強森，和隊友交換擊掌和擁抱，臉上露出他的一口白牙和招牌微笑。手上高舉的是睽違八年的總冠軍獎盃，以及聯盟史上唯一一次，由菜鳥獲得的總冠軍賽「最有價值球員獎」。

在這場職業籃球史上的經典戰役中，故事的最佳男主角不只展現了全能的身手、高超的球技，和不怯戰的本色。對於輸贏，尤其在一個球季中最關鍵的一戰，他能夠一肩挑起重擔，以新人之姿帶領球隊攻頂成功，並且在個人生涯，湖人隊的隊史以及NBA歷史上留名！

對於一個人的決心、能力和執行力，以及對勝利的渴望和態度，強森做了最好的展現。就算是要他用不熟悉的角色[2]來帶領球隊，他也面不改色。他承先啓後，奠定了傳奇球星的歷史地位！

常sir的Memo

魔術強森是控球後衛。

一九九二年巴塞隆納奧運會男子籃球金牌夢幻隊成員之一，二〇〇二年進入籃球名人堂。

強森的職業生涯成就包括三次當選NBA年度MVP，三次獲選NBA總冠軍賽最有價值球員，曾當選過十二次明星球員（兩次當選NBA明星賽MVP），九次入選NBA年度第一隊。

十三年的職業生涯從一而終地只待在湖人隊。二〇〇七年，美國著名運動電視媒體ESPN評選強森是NBA史上最偉大的控球後衛。

2 因爲受傷的是中鋒，而魔術強森不但是後衛，更是菜鳥。

召喚上帝為你追分

火箭隊崔西．麥格雷迪 Tracy McGrady

如果世界上真的有籃球的上帝，那我認爲聖安東尼奧馬刺隊是全世界最幸運，也最不幸運的球隊。幸運的是他們在短短不到一年的時間中見證了兩次神蹟；不幸的是在這兩次NBA史上最驚人的表現之下，馬刺隊最後都是苦吞敗仗的一方。

麥格雷迪（Tracy McGrady）這一位身高超過二百公分的NBA後衛，年方雙十就被暴龍隊看中，用第一輪第九順位選中他。甫站上職業籃球的舞台就備受關注，大部分的原因是相隔一年後，他那位有「半人半驚奇」和「人類高潮製造機」美稱的表哥卡特（Vince Carter）隨之加盟了同一支球隊。表兄弟之間的血緣關係，加上兩人的球技，說他們是一時瑜亮也蠻恰當的。

在職業籃球生涯的起步階段，這一個表親二人組，一起在楓葉國多倫多暴龍隊的主場高來高去，一場比賽下來要升空好幾次；外加兩人的緊密合作在灌籃大賽中大出風頭，話題自然不少！只不過呈現在海報上的總是：表哥卡特霸氣十足的在主要位置，表弟麥格雷迪大多居於配角。

然而，明亮的鑽石光芒畢竟不會放在口袋中太久。他的進攻能力烙印在所有球迷和教練的眼中，在和暴龍隊之間的僱傭關係結束後，一紙大合約讓麥格雷迪改投效奧蘭多魔術隊。並且在回到家鄉佛羅里達的第一年就大放異采！不但入選明星賽，同時成爲了當紅炸子雞。

二〇〇四年的新球季開打前，一筆七人大交易讓他來到美國太空總署的所在地，成爲季前的發燒話題；儼然就是火箭升空的最重要推動力！

很幸運的，在麥格雷迪還沒展現他那技驚四座的神奇表現之前，我就在上海一個運動品牌的活動中和這位明星球員有過同框之緣了，我剛好是這場活動的主持人。當時，「移動長城」姚明加入休士頓火箭隊也才兩年，火箭隊交易來了如日中天的小麥弟後有內線又有外圍，立即成爲當年ＮＢＡ的焦點隊伍。知名運動品牌爲麥格雷迪打造的全新鞋款選在上海做爲全球首次發表的城市，看準了十三億人口的商機，兼之饒富話題性，行銷策略上全然成立！

二〇〇四年一個十二月的夜晚，休士頓火箭隊在主場豐田中心（Toyota Center）迎戰同一個分區的強敵聖安東尼奧馬刺隊。這一晚，兩隊在防守上卯足了洪荒之力，距離比賽終了前還有四十三秒不到的時候，火箭隊像是忘了加油，只得到六十八分；還落後給對手八分。由於時間正是除了對手之外火箭最大的敵人，因此，想要追上對手，球隊不但要盡快得分還要全面封鎖住對手的攻勢！光用想的就感覺到這是場已經輸了三分之二的比賽，剩下的三分之一就只能寄望於「奇蹟」兩個字！然而麥格雷迪就在這一刻一個人帶球過半場，面對的是專門防守他的對手，也是全聯盟防守最優、可能也是小動作最多的博恩（Bruce Bowen）面前，把這個追分的責任一肩扛起來。

他一過半場之後，就利用對手的換人防守先在弧頂的位置投進了第一個三分球。這時，只花五秒鐘就回敬火箭二分的馬刺隊可能還是認爲：「今天晚上應該可以好好地吃點東西，睡個好覺後迎接下一場比賽。」只不過這個算盤打得還是太早，因爲背號天字第一號的麥格雷迪回頭也只用了不到六秒的時間就在右側大約七十五度角的位置，投進了第二個三分球！全場二十七投十中，攻下二十七分的麥帥（麥格雷迪）還造成防守他的明星球員鄧肯（Tim Duncan）個人犯規，加罰一球也順利得分後完成了一次就拿下四分的攻勢！這一刻，兩隊的分數差距剩下三分，還有二十四秒比賽才會結束。從一個小動作就可以感受到他們的心浮氣燥；堪稱聯盟模範生的鄧肯，罕見地在球隊請求暫停時把地板上的籃球踢向裁判的方向……這幾乎是很少出現在鄧肯身上的表現咧！

因此如果老經驗的馬刺隊說自己沒感覺到壓力，我可不太相信！

我們再向結局快轉八秒，火箭隊準備在主場發邊線球；攝影機帶到的方向沒有一個座位上有觀眾，因爲場內剩下一半左右的球迷全都坐不住了！姚明雖然高人一等，但他在這一刻也不是第一選擇。不管是幾人包夾，球就是要傳到麥格雷迪的手上！而他也毫不遲疑地用他已經冒煙的右手，在他最有把握的弧頂位置出手！

「唰！」又是一個急著進籃框的三分彈。

現場觀眾向他膜拜，馬刺隊非常需要一個暫停，一方面平復受到驚嚇的心，也要討論剩下的十一．二秒內如何將領先的二分擴大到四分，甚至五分。

比賽結果似乎已不再重要。所有人完全因他的個人表現而目眩神迷！在前面的二十六秒內，背號一號的最佳男主角已經攻下了十分！

就像那些讓人難忘的童話故事總有一個不是最完美、就是最令人難忘的結局！在馬刺隊的進攻部署被對方的防守瓦解，而抄截成功的正是崔西．麥格雷迪的時候，時間只剩下七秒。馬刺隊可能要用四人防守包夾才能把他那勝負操之在我的決心稍微緩和下來；說不定即使是如此，也根本無濟於事。在老位置旱地拔蔥的出手方式，他的球飛行的軌跡幾乎沒有太大的弧度。火箭隊的球迷殷切期待，全體隊職員牽手等待；馬刺隊上下只能再次等著被命運對待[3]……。

破網得分的三分球和贏一分的比賽結果讓場上球員相互擁抱，場外球員又叫又跳，球迷以不可置信的表情搭配用力擊掌的言語；呆若木雞的馬刺隊只能捫心自問：怎麼籃球的上帝總是更愛我們的對手？

這樣的一個晚上，讓火箭球迷看到了當時有本錢在NBA稱王的曙光，也讓所有的籃球迷了解到麥格雷迪不需要在任何人的海報之上，成爲背景中的背影。當晚，他儼然就是籃球上帝的化身，用難以忘懷的畫面填滿你我的籃球記憶。

而且他要世人記得他的名字是崔西．麥格雷迪。

3 指第一篇曾寫過馬刺隊被費雪在〇．四秒投進過一個致勝三分球，幾年之後又有可能輸在這一個看似不可能發生的三分球上，就像是歷史再一次重現。

常sir的Memo

崔西・麥格雷迪是美國職業籃球聯盟（NBA）兩屆得分王，七次入選明星隊。也在二〇〇七年進入籃球名人堂。一九九七年他頂著麥當勞全美高中明星球員的光環參加NBA選秀，並且在第一輪的第九順位被多倫多暴龍隊選上。和他的表哥，也是另外一位明星球員卡特（Vince Carter）在暴龍隊並肩作戰而成為佳話。後來轉隊成為「移動長城」姚明在火箭隊的隊友。

麥格雷迪曾說過：「每一天我都努力練習，因為我從不曾感到滿意，以後也不會。」（I work on my game daily. Because I am never satisfied, never going to be.）

盜亦有道

二〇〇四年紅襪隊奪世界冠軍 Boston Red Sox

時間是二〇〇四年十一月十七日的午夜，芬威球場上的電子鐘剛剛從十一比五十九變成十二比〇〇，新的一天就從現在開始。

在美國職棒大聯盟的季後賽場上，波士頓紅襪隊和紐約洋基隊正在進行的美聯冠軍系列賽煙哨四起，打完了七戰四勝制的前三戰之後，紅襪隊已經是零勝三敗處於絕對落後了。眼看著球場上這一群留著大鬍子的紅襪隊選手已經用盡渾身解數，打完第八局之後還是以三比四處於落後，很有可能在今天結束後遭到洋基隊淘汰。憂心忡忡的紅襪隊主場球迷在乎的是：我們在十月十八日還有機會和世仇洋基隊打美聯冠軍系列賽第五戰嗎？看起來紅襪被橫掃出局的機會就和大西洋一樣大！

死忠紅襪迷的焦慮和擔憂可想而知，即便是球隊名將不少，然而落後一分的紅襪隊打者在九局下半要碰上的是大聯盟史上最偉大的終結者——巴拿馬籍的投手李維拉（Mariano Rivera）。而在他的職業生涯中，只要在季後賽碰上紅襪，李維拉的救援成功率是百分之百，從沒有失手過！

但這一場比賽卻出現幾乎可以用「匪夷所思」來形容的過程。九局下半的首棒打者米拉（Kevin Millar），遇上了李維拉——這位在職業生涯中幾乎只用切球（Cut Fastball）及過人的控球能力和尾勁，就在球場橫著走十九年，並且成爲MLB史上救援成功記錄最多，高達六百五十二次的投手。

然而，在這麼關鍵的一名打席，保送率相當低的李維拉最著名的控球不知道是不是出了問題（當然，也有可能是投球的策略）？原本應該要往右打者的外角掉下去一點的切球，卻一直往內角竄！就這樣，米拉還算輕鬆地就選到四壞球保送。芬威球場的球迷突然看到了：「原來李維拉也是個普通人！」

早在第九局開始前，時任的紅襪隊總教練法蘭科納（Terry Franconia）告訴當年已經三十二歲的羅勃茲（Dave Roberts）：「只要有人上壘，就輪到你上場代跑。」

即便如此，這位職業生涯已經接近尾聲的老將還是有一雙二十三歲年輕人的快腿，隨時可以發動起跑——這大概也是紅襪隊在季中把他從道奇隊交易過來的原因——要利用他老而彌堅的雙腿！

這時，把羅勃茲換上場代跑確實是執行了原本的計畫：想辦法進占二壘這個得點圈，希望能出現安打送回跑者，先追平比數再說。

而說到法蘭科納總教練，他可能是紅襪隊在二〇〇四年能夠打破八六年貝比魯斯魔咒（Curse of the Bambino）[4]的最後拼圖。也不過就在三百六十五天之前，同樣是在七戰四勝制的美聯冠軍系列賽，這兩支世仇球隊已經打了一個讓兩隊球迷津津樂道、難以忘懷的七場比賽了。當時的總教練利脫（Grady Little）在球季結束後遭到撤換，而大軍怎能一日無帥？新球季開始前，紅襪球團延聘了法蘭克納來領導球

4 八六年之前，原本是波士頓紅襪隊的貝比魯斯（Babe Ruth），被球隊老闆以要籌措百老匯舞台劇的製作經費為由賣到了紐約洋基隊，當時心懷不滿的貝比魯斯曾詛咒紅襪隊再也拿不到世界冠軍。接下來的八六年期間，無論紅襪隊球隊陣容完整與否，選手再怎麼努力也都只能看著對手高舉世界大賽冠軍獎盃。

隊，第一年就把紅襪再一次帶進了季後賽。

再回到球場上，米拉的下一棒打者是左右開弓的穆勒（Bill Mueller）。

我得介紹一下這一位穆勒：他並非像同隊的隊友歐提茲（David Ortiz）或是拉米瑞茲（Manny Ramirez）一樣是一季可以打出四十支全壘打的重砲手。二〇〇四年的球季，這位內野手總共打出十二支全壘打；但整個球季投了將近七十九局的李維拉一共只被對手打出過三支全壘打；也就是說，平均每投二十六局，他才會被對手轟出一支！然而，這三支全壘打之中，有一支就出現在芬威球場，而且就是由穆勒在兩隊打完群架之後，於第九局下半從李維拉手中打出的再見全壘打，結束了當年的惡鬥！

這時候，主場球迷感受到機會已經來敲門；見過不知道多少風浪，經歷過無數次大小狀況的李維拉面對無人出局、一壘有跑者的狀況也並不慌亂。當年完成三十八次盜壘成功，只被阻殺三次的羅勃茲左膝彎曲，身體的重心完全放在右側，像是拉滿弓的箭，他的目標和方向就在二壘。投手沈穩地向一壘做牽制，一次、兩次，都是嚇阻性的；但是第三次再牽制的時侯，感覺李維拉想將一壘跑者牽制出局。

「應該沒有投手會連續牽制四次吧？」我想，當時有看這場賽事的球迷都在心中自問自答過。果然，李維拉的下一球投向打者穆勒投出；只看到羅勃茲瞬間就「咻」一下已然拔腿狂奔，衝向二壘！那電光火石的三秒鐘就像是一分鐘那麼長。只看到他採取了勇猛的頭部滑壘，同時左手順利地摸到二壘壘包。羅勃茲不負眾望，完成了這個可能是紅襪隊史上最重要的一次盜壘！

接下來，穆勒下一個球就打出關鍵安打！羅勃茲全力衝刺回到本壘攻下追平的第四分。雙方就在平手的局面之下鏖戰到第十二局，在十二局下半由老爹歐提茲打出再見全壘打，拿下第四戰的勝利！紅襪隊就在拿下這一場戲劇化的一勝之後，整個系列賽氣勢扭轉到紅襪隊那一邊，連贏洋基隊三場，完成了北美運動史上最不可思議的先輸三場、再贏四場的大逆轉！

隨後發生的都成了歷史。在世界大賽碰上了聖路易紅雀隊；此時的紅襪隊氣勢如虹，以破竹之勢連勝對手四場，一舉終結長達八十六年的貝比魯斯魔咒，終於拿下了世界冠軍！

這個大聯盟史上最關鍵的時刻之一，就算到了十五年後的今天，當你再找出畫面來看的同時，那種驚心動魄的感覺仍會讓人雞皮疙瘩掉滿地。但如果你是洋基隊的換帖兼死忠粉絲的話……嗯，我建議還是回想二〇〇九年就好了[5]。

常sir的Memo

波士頓紅襪隊是一支成立於一九〇一年的美國職棒大聯盟球隊。主場芬威球場（**Fenway Park**）於一九一二年正式啓用，在成軍超過百年的隊史上一共有十四次打進世界大賽，並且有九次奪得世界冠軍的記錄。紅襪隊的主場門票常常是一票難求，根據統計，從二〇〇三年五月一直到二〇一三年四月的這一段期間，連續八百二十場比賽的主場門票都銷售一空（其中七百九十四場是例行賽，其餘為季後賽），創下了美國各主要職業運動間的記錄。

5　我想洋基隊球迷一定想要忘記這一段幾乎已經贏到手，卻遭到世仇對手紅襪隊以不可思議的大逆轉的冠軍系列賽的所有回憶；所以我建議他們直接跳過二〇〇四，回憶二〇〇九年由洋基隊拿下世界冠軍的點點滴滴，會比較甜美一點。

險些被眼淚淹沒的棒球人生

職棒狀元郎林克謙 Ko-Chien Lin

「Now pitching for the Brisbane Bandits, Ko-Chien Lin。」（現在準備投球的是布里斯本俠盜隊投手，林克謙。）

二〇一八年十一月，林克謙頭一次穿著澳洲職業棒球隊的球衣，站在投手丘上的投手看了看四周，沒有熟悉的隊友，也聽不到看台上規律的加油口號，周遭的聲音大多是有點懂又不太懂的英文，和每個人看起來都一樣的老外。他戴好了球帽並用左腳整理準備跨步踩踏那一點的同時，心裡想著：「既然來了，就把自己會的玩意兒都拿出來吧！」面對對方的第一棒，來到澳洲所投的第一球就是一個球速超過一四〇公里的速球，正當覺得滿意的時候……

「砰」的一聲！白色的棒球頭也不回地飛了超過一四〇公尺，就立馬成爲對手的首打席全壘打！Hasta La Vista, Baby! 雖然是熱身賽，但這個結果就像鐵鎚沒拿好砸到腳趾頭一樣痛到心裡面，也像是電影特效中的透明人穿過身體，帶走剛滿血的所有能量。對手用最沒有禮貌的方式來表達對澳洲職棒友善的歡迎之意。

南半球的高溫並不會嚇到皮膚本來就黝黑的克謙；是他在北半球的失意把他連人帶心都帶到澳洲來了。澳洲職棒的熱身賽在接近年底時開打，三個月的球季時間不算長。克謙想的是：「走的時候我要把回憶帶走，讓失意留守。」

就這樣，林克謙的澳職生涯正式起跑，表現倒吃甘蔗的他愈投愈好，也愈來愈得到敬重和重用。二個月前初來乍到的時候，心裡想的是放手一搏！不要讓其他人看不起從台灣來的投手。殊不知，到了球隊完成連霸的時候，他成爲了俠盜隊不可或缺的一位強投！

我認識的林克謙是個感性比理性多一咪咪的選手，看他在投手丘上殺氣十足的樣子，你可能會有不同的意見。但看完了我講的故事後，說不定你會改觀。

二〇〇八年，興農牛隊在中華職棒選秀會上以第一指名挑中了投手林克謙。連續五年入選中華隊的克謙，在會前就許下「希望成爲選秀狀元」的心願，最後也順利如願。

有些時候，腦中會閃過第一次投球的畫面；想到自己是怎麼樣走上投手丘，成爲負責把球投向本壘的那個人，由他來決定比賽什麼時候開始。仔細想想，讓他有機會從內野手轉型成爲投手的關鍵人物，一開始就是學長姜建銘。

強恕高中時期因爲學長畢業、球隊缺少投手的情況之下，教練看他傳球的準度夠、球速也不錯；於是就問他要不要「貼」一下——也就是在比較不會影響到勝負的情況下上場投球。誰知道這一貼竟然貼出了投手獎！

眞是無心插柳柳成蔭。

到了國體大，又是因爲猴子（姜建銘的綽號）旅日，龔榮堂教練問他有沒有興趣直接改練投手，這才讓他徹底改變身分，成爲左右比賽節奏的人。但說穿了，沒有姜建銘一次又一次的做球給克謙，也許龔教練的遊說根本也不會發生。

二十歲那一年，他頭一次接觸到大型國際賽事「卡達亞運」。原本就戰戰兢兢的他看到周遭的隊友每一位都是一時之選的職業選手，更讓他想利用機會多加學習。沒有想到在練習過程中，還有賢拜（日語發音：前輩的意思）主動來向他討教變速球的投法！這讓他受寵若驚，直接放在人生的永久記憶體保存著。

少了綠樹成蔭，也沒有和風徐徐，在晴空萬里之下，小朋友們就只有紫外線與汗水的陪伴。然而，從操場傳來的擊球聲清脆，腳步聲輕盈，彷彿就連小球員的笑聲都有了表情；那是一幅雙眼瞇成了細縫，嘴角揚起的角度都快要得到撕裂傷的畫面。當然，其中也少不了教練的叫罵聲。

克謙國小時就在父親林朝枝教練的指導之下開始打球，畢業後被爸爸送到高雄繼續棒球童年。這個從北到南的四百公里路讓只有十來歲的克謙很不習慣；不能在家的日子引發他不想打棒球的想法，也成了一千個傷心的理由。幸好長途電話中的淚水沒有白流，好不容易在他苦苦哀求、加上媽媽的幫忙才合力說服了嚴格的父親，讓他明白兒子想念書，不想離開家到南部打球，最後終於能轉學回到北部。

接下來他以一般生考上陽明山的華興中學。雖然要住校，但能暫時遠離棒球也算是完成了「階段性任務」。看似五局上打完，林克謙小幅領先，然而人怎麼算得過老天？華興的葉教練居然是老爸的舊識！

「北華興，南美和」大致上還是當時青少棒的勢力分布圖。罕見的是，在華興的棒球隊上，有個考轉學考才進學校的林克謙。不過，他不是因為想打棒球才秉燭苦讀考進來的。

那他是怎麼進入棒球隊的呢？

答案和我一樣，有一位如同高牆般存在的嚴父。爸爸知道學校的教練是舊識，便向他表達想讓兒子進球隊的想法。經過測試，他又重拾了手套和球棒。

對於不想看到棒球、只想擁抱家人的克謙來說，這就是悲劇。這個改變真的讓人措手不及！在過去，他打倒棒球的戰術很單純，他不見得知道孟姜女曾用眼淚哭倒長城，但他相信只要他繼續哭、不停地哭，從前都能把自己從高雄哭回基隆了，總有一天可以哭倒陽明山吧？

沒想到，他這一哭不得了！全校師生都知道華興國中部有這麼一位常「讓淚水陪自己過夜」的小朋友；學校甚至願意爲他破例，有一個星期的時間讓他在練習結束後回家，希望他可以慢慢習慣沒有家人的日子。無奈仍舊幾乎沒有效果。

到了晚上的熄燈就寢時間，一個晚點名的口令讓棒球隊這群好動的孩子一個個成小泥人，只剩下了答「有」的功能。「林克謙，林克謙在哪……？」宿舍中十幾雙眼睛互看，就是沒有林克謙的單眼皮。「那個誰～到公用電話那裡去找！快！」葉國輝教練想都不用想就知道這個林教練的兒子溜到哪去了。

大老遠就聽到教練再次成功扮演了柯南。因爲蜷縮在藍色公用電話旁的小朋友，正聲淚俱下地向電話那一頭的媽媽泣訴他有多麼想家、抱怨著爸爸一定要他打棒球，還不定時上山請他吃「竹筍炒肉絲」。一段時間後媽媽的心是徹底的軟了，爸爸終於再度同意讓他轉學，他眞的成功了！但是在父母陪同下準備辦理離校手續的那一天，老天爺送給了克謙一份大禮：又是葉教練。

手續本身不算太複雜，只需要各個處室主任簽名即可。在按步就班的取得同意後，由於找不到別人，葉國輝教練那一格仍然留著空白，最後由校長簽認代表所有流程已經完成。而在三人正要離開學校之際，父親突然覺得腸胃不適，留下母子兩人在一旁等待爸爸解決當務之急。這種時候就是劇本會寫到「下音樂cue關鍵人物出場」的時刻！遍尋不著的葉教練，居然「眾裡尋他千百度，得來全不費功夫」的出現了！一看到教練，克謙的預感告訴自己：我的眼淚可能都白流了！

「咦，林太太您怎麼來學校了？是不是克謙怎麼了？」媽媽當下說明來到學校是爲了帶著兒子辦理轉學手續之後，葉教練立刻表示：「我都還沒簽名，怎麼能這樣就算完成了手續？」正巧，林教練也匆匆地從廁所出來和葉教練撞個正著。三位大人交頭接耳交換意見，小朋友只能在一旁七上八下！只聽到葉教練說：「我都還沒簽名，還不能轉學……」爲了愼重，葉教練又馬上找其他的老師一起臨時開會，這才把林克謙留在棒球路上。

每個人的生命中都會有貴人在意想不到的時候現身，也許是直接伸出援手，也可能是一語驚醒夢中人。還好到了九局下半兩出局，落後一分的對手打出了一支陽春全壘打，追平了比數；比賽還沒有結束。

棒球和林克謙的人生幾乎變成了擦邊球；但是從倒帶人生來看，克謙在棒球這條道路上的每個階段都留下了五味雜陳的日記內容，箇中滋味只有自己知道；但他從不隱藏那一份「我只想開心打球」的心願。

還是個少棒小球員時，就因爲自己的棒球天賦讓他有機會在內野的不同位置擔任守備工作。就連捕手的工作他也要搶！原因是全隊沒有一個隊友接得到陳鴻文的球，教練也讓他這個內野手試試看，沒想到「一試成主顧」，就只有他能做得到的事情當然就有了他上場的機會，也就開始了他客串捕手的過程。除了天賦，他也有不錯的速度和協調性；在教練的眼中：這個小孩幾乎就是個練武奇才！

在澳洲時，只要是他想投的球種都可以盡情地投。那是一種揮灑自如的快樂！也重新建立了他的自信。

你說他開不開心？

身爲泰雅族的第一位職棒選手，更是如願以償的選秀狀元；許多族內的小朋友看到了大哥哥（qsuyan mlikuy）這麼厲害，也紛紛開始打棒球。第一年就拿下了達標的十勝，克謙怎麼會不笑容滿面？

在綠色草皮和紅土組成的棒球場上，包括投手和捕手在內，幾乎沒有一個守備位置可以難倒他！每一次上場都那麼得心應手，這不正是快樂的基因嗎？

那麼多快樂打球的時刻，我一個也沒趕上。然而，第一次見面時，他面對面注視著我並且告訴我：「常sir，我真的就只想開心打球」的神情，專注又失落；那就像是個剛剛被其他人搶走他最喜歡的糖果的小朋友，正專心地看著罐子裡其他的糖果，那一幕真的觸動了我。

如今的他，正在城市隊中繼續努力。除了自己力爭上游，想要更進一步之外，他開始接觸教練工作也樂於分享，把自己在各種比賽情境以及比賽場域之下累積得來的經驗和年輕的選手討論、交流。如果你有機會到成棒比賽現場看到他站在投手丘上，千萬別忘了注意他正在享受棒球時的表情！

常sir的Memo

說到林克謙的名言，這就是這篇文章最後的「彩蛋」了……。我跟他聊起這一個話題時，他永遠都給我唯一的一個答案；一個我覺得他還沒仔細思考過的答案。然而當我一而再、再而三地確認之後，我相信他的名言就是下面這六個字：

「不要問，很恐怖！」

可是當我終於忍不住問他：「為什麼你把這六個字當成自己的座右銘呢？」活潑的他給了我一個捉狹的表情，告訴我：不要問，很恐怖喔……。

沒有逆境，哪來勇氣

美國高爾夫選手萊恩．克倫格 Ryan Korengel

九月中旬的週日早晨，在美國中部的大城市辛辛那提，天空中的灰就像是還沒有完全乾的水彩，半透明又飽和。高爾夫球場上的談話聲，聽得出來是幾個小大人正在嬉鬧鬥嘴。間歇性的風勢沒有把這一群十二歲小朋友打球的興致吹壞，但卻差點奪走了他們最好的朋友，同時也是父母親鐘愛的小兒子的年輕生命。

正在攻讀碩士的萊恩．克倫格（Ryan Korengel）如今能夠站在舞台上，成爲一年一度的大衛．湯姆斯戰勝逆境獎（David Toms Overcoming Award）得主，靠的並非是大篇幅的媒體報導，或來自各界的善款；而是他不放棄的精神與正向的態度堆疊而成的果實。

很難想像，當你在最愛的事物上碰到人生中最大的危機，甚至是一個可能讓你命喪黃泉的意外，數年之後，你還能對這個你一生最大的興趣保有高度熱情，就像是什麼事情都沒發生過嗎？

克倫格辦到了！曾受邀在辛辛那提紅人隊的主場擔任開球貴賓的克倫格，從小就熱愛運動；但骨子裡，他是一個不折不扣的高爾夫狂熱分子！他對於這一項運動的熱愛，讓他無法想像自己在不能從事這一項運動的情況之下度過餘生！他說過：「是我最愛的運動讓我在鬼門關前走了一回，然而也是它給我了一個明確的目標，決心重拾舊愛、找回人生。」

回憶受傷當時，克倫格站在第八洞的果嶺邊緣，這位全校高爾夫球打得最好的選手正準備要把小白球打上果嶺；正當其他人都不敢呼吸，準備好要看結果的時候，突然間刮起一陣狂風，風速之強大，高達時速七十五英哩（約爲一二〇公里時速）！原來是二〇〇八年艾克颶風的強風襲擊。正當一棵橡樹的樹幹因承受不住這陣風勢只能哀嚎斷裂，更大的驚呼聲從樹下的小朋友們口中傳來，因爲它不偏不倚地擊中了克倫格的頭部，由於樹幹下落的力量太大，克倫格的右側顱骨當場破裂，倒地不起！整個球場只剩四下令人不安的靜謐、氣若游絲的克倫格和他最愛的百慕達草地。

一陣驚恐和失措中，也許是吉人天相，居然還能有幸運的事發生——另外一位正在同一個球場打球的球友是執業醫師，她也是第一位趕到現場的醫護人員。爲什麼說是幸運呢？因爲第一，以這位醫生的專業，她檢查了嚴重受傷的克倫格，並且把他的舌頭從呼吸道移開，否則，傷者可能還沒等到救護人員到場就已經沒有呼吸了。第二，由於暴風突然侵襲的關係，九一一緊急通報系統出現異常，導致救護車在四十五分鐘後才到達！如果沒有她在傷者身旁隨時給予必要的急救協助，也許克倫格的狀況會更糟……。

克倫格的父親唐（Don Korengel）原本送這群小朋友去打球之後就打算回家，大概怎麼也想不到：「差那麼一點我就和我的兒子天人永隔了！」在他接到克倫格發生意外，頭骨破裂、身受重傷的電話當下，正有如陽光普照下的打雷閃電！父母親立馬手刀出門，誰還會在意腳上有沒有鞋子?!

但，這只是讓人揪心的開始。

急診室的醫生在檢查了昏迷中的克倫格，並且看了斷層掃描報告後告訴他的父母：「趁著現在這孩子還有一口氣在，好好地親他幾下，因爲這可能就是你們最後一次在他還活著的時侯親吻他的機會了！」

在手術檯上動了五個多小時的手術，加上術後超過一個星期的昏迷，讓所有焦急的親屬，每一顆心都打上千千結；幾乎人人都從期待變成等待，又從等待變成無奈……，就連醫護人員也無法肯定地說他有沒有甦醒的一天。第八天起，小克倫格終於終於在媽媽不斷地跟他說話的時候，動了動手指，慢慢回復了意識。

全面回復意識的過程漸進且需要一段時間，然而，和復健之路相比，這段日子還只能算是開場白。

下一步，克倫格和家人得面臨更大的挑戰！因爲腦部嚴重受創，醫生在手術中已經將他一部分的腦摘除……，雖然這同時完全清空他對於意外發生時的所有記憶，但他也半身不遂了。醫生告訴他想要再次走上球場幾乎是不可能！不僅是左半邊的手腳沒有知覺和動作能力，視力受損的結果是只剩下中右側的視力，無法辨認立體，而且經常出現重疊影像。他幾乎無法言語，必須要從頭開始學習；原本是慣用左手的，也得開始用右手打理一切，想要完全恢復到正常生活似乎就是一個「不可能任務」。

就算是面對如此巨大的未知，他和家人始終保持著正面積極的態度。

接下來的十二個月，克倫格又動了五次手術，爲的是一次重生、一個擁抱家人和生命，以及一次重新拿起球桿的機會。他希望能再度把小白球打進陽光的炫目之中，走上果嶺，看著自己的球進洞的感覺！

但此時他沒有知覺的左手臂和手掌、喪失了一半的視力，再加上由於左腿會不由自主地抖動使他無法做到重心轉移的腿部動作，讓打高爾夫球從彩色變黑白。高球就像是人生的縮影，沒有完全相同的兩座球場，也沒有一個挑戰能輕鬆過關，如果你沒把自己準備好，在十八洞的場地裡，困難不會只有十八次。

請想像一下：倘若你必須用左手彈右手的吉他，在不調整琴弦的排列前提下，所有的和弦都要以相反的方式按弦，這個感覺就像是克倫格用右手拿著左手的高爾夫球桿，向他的右手側揮桿的感覺！所有的動作都要往一八〇度的反向做調整，重新設定學習；原本慣用的向左邊瞄準，已經因爲眼睛的嚴重受創無法再使用，只好改變瞄準方向。那些生活中曾熟悉的一切、那些平常不太需要特別用心就可以輕鬆完成的事，現在都要經過重灌程式，都要在輔具的幫助下再度練習重新面對生活。

有志者，事竟成。克倫格用日復一日、從不喊累，也不曾悲觀地認定復健根本是一條死路的精神，一周六天、每天六小時地完成每一張課表的要求，不到兩年，克服了復健的重重困難。他不但可以走路，同時終於完成拿起球桿的心願，再次揮出了人生中的好球！高中順利畢業後，他申請到NCAA第三級的聖喬瑟夫山區大學辛辛那提分校（Mount St. Joseph's University in Cincinnati, Ohio），老天爺似乎在不斷地提醒克服困難的堅毅年輕人，他的人生道路已經跨越了一道比紅海更大的障礙，慢慢地進展到收成的階段。就在大四那一年他毛遂自薦希望加入高爾夫球校隊，他第一場大學賽事竟然就在他發生意外之後的整整六年後展開！

對克倫格來說，高爾夫球是他最大也是唯一的動力，即使當初讓他碰上可能致命的意外，他還是有勇氣接受高爾夫球仍是心中最初的最愛。

常sir的Memo

十幾年前，克倫格的母親一直在病塌旁守護著無助的他的同時，也沒有忘記禱告的力量：「我只希望他在未來還能夠有一個有意義的人生，一個他想要的人生；而不是爲了我們而活的人生。」

運動史上最偉大的東山再起

美國高爾夫職業選手老虎伍茲 Tiger Woods

暗紅色的磚瓦，襯著稀稀落落的白色牆面，堆疊出一棟饒富復古鄉村風的主建築；寂靜悠閒的在白雲和藍天的臂彎裡，靜默地等待球場上即將掀起的暴動。

人，滿坑滿谷，男女老幼。

心，加速跳動，頻率不同。

屏息無聲和歡呼擊掌交錯，每一次小白球的飛行或是滾動都要爲觀眾的視線和情緒負責。

這個場景是二〇一八年美國高爾夫巡迴錦標賽（Tour Championship）聯邦盃的最終站，比賽地點在美國東南部的喬治亞州。正當有位選手出現，全場觀眾有的爭先恐後、有的夾道歡迎，彷彿深怕錯過這位選手正大步向前移動的背影。偶爾還會有掌聲從人群之中蹦出來，告訴你其實還是有人沒拿著手機猛按快門……，因爲只要有手機在手上，鼓掌的動作難度就增加了。

這位能讓所有人聚焦的選手，正是習慣在星期日穿著招牌紅色上衣比賽的老虎伍茲。當他終於在所有高球球迷面前再度拿下冠軍時，全場的興奮歡呼聲浪透過空氣彼此傳達，而好久好久不曾高舉雙手的伍茲，臉上也露出了微笑，那是一種帶有感恩的笑容。

四年前，在面對媒體追問他的日益嚴重的背部傷勢和他的職業生涯時，他說：「對於未來，我已經沒有什麼可以期待的了。」當時，老虎的未來是一張行情看跌的股票。

沉澱、復健、改變後的他大多以揮手致意代替往日的老虎拳法，少了昔日那些意氣風發、走路有風，就連露出牙齒的微笑也不常見到。超過四十歲的老虎伍茲不只是內斂了，在球場上也愈發沈穩。直接挑戰艱難的果嶺已不完全是他懾人的進攻方式；穩穩地將小白球放在旗桿附近，然後在記分卡上寫下不比birdie（博蒂）性感的par（平標準桿）[6]，更像是他現在的風格。

有點老生常談，但確實就像是「絢爛後漸趨平淡」。黝黑的瞳孔中除了炯炯的眼神外，他就像是位老成的選手，也許在他的腦海中偶爾也會出現「年輕人終究是年輕人」這種OS，靜待他的對手可能發生的失誤。

甚至也有人說過：在過去曾表現得自戀、小氣，不容易與人親近的世界第一，如今也有了大幅的轉變。以前的老虎，行事和交友可能存在著目的性，而現在的他更多一分友善、多了一些親和力，也多了一份愛。

出生在一九七五年倒數第二天的老虎伍茲（Tiger Woods）原名是Eldrick Tont Woods。第一次拿下名人賽冠軍時，這位高爾夫球場上的天才球員不過是一位年僅二十三歲的年輕人；如今，他四十三歲了。

這兩個十年間，由天之驕子變成了千夫所指；從呼風喚雨幾乎走到了時不我予。

十年，人的一生大概也不過就是數個三千六百五十天組合而成的旅程，它對於任何人來說都不是一個短時間，更別說是運動員了。經過黃金的十年後，下一個十年也許是鏽蝕的十年。老虎就像是一隻迷失在叢林裡的貓，在霧靄中尋找遠處的出口，卻不斷地向相反的方向移動。

他如何從幾乎跌到世界第七百的排名，再度站上名人賽的頒獎台穿上綠夾克的過程，比他的技巧更讓我有興趣。尤其他上次奪冠的賽事是二〇〇八年的美國公開賽，那也是十一年前的事了；而且當時他的膝蓋才剛剛動了第三次手術治療前十字韌帶斷裂。

他能夠東山再起、重返榮耀，應該和心理、生理都有密切關係，是無數個過程累積而來的能量爆發。

首先，第三次動刀的膝蓋又出現軟骨受傷，但這沒有成爲他在〇八年登上美國公開賽王座的阻礙。反而是年底時，他的阿基里斯腱有了狀況，禍不單行的他到了

6 在高爾夫的規則中，以標準桿四桿洞爲例：打出低於標準桿一桿的三桿就稱爲博蒂，該洞的成績要優於打出平標準桿的四桿，以及打出高於標準桿一桿或更多桿數的博忌bogey。

二〇一〇年背部也出現問題；一開始是椎間盤突出來報到，從物理治療到上手術檯治療神經抽痛及類坐骨神經痛，老虎前後一共動了四次背部手術。現在，他必須用比較不會引發背部不適的姿勢揮桿，讓他可以用輕鬆一點的動作完成擊球。

伴隨他的N則負面新聞，例如對婚姻不忠，和妻子離異，和他有「特殊性關係」的異性數字可能已經超過他奪冠的次數了（八十二），最後加上數也數不清的冷言俾倪。這一切都是他想要忘記、希望這一切都只是似乎會消失的海市蜃樓。

但走過沙灘後留下的足跡仍留有印記，他是怎麼走出來的？我想這是一位冠軍選手意志力的驅使。在他人生的最低點，他的開球總是找到觀眾而不是球道，他的短桿不再像附掛GPS般的精準犀利，從治療傷勢到和復健一起作伴的期間，他仍不中斷自主訓練，以及改變揮桿動作來讓背部承受比較小的壓力，這可以看出他過人的意志力。

二〇一七年老虎一次疑似酒駕被逮，原因是服用了包括止痛藥在內的多種處方藥物後可能產生的副作用，讓他在駕駛座上睡著了，而那發動中的車子就停在大馬路上。經由社群媒體瘋狂轉發他在清醒測試時的糗態百出，也接受調查和法院的傳訊後，伍茲被依危險駕駛處以五十小時的社區服務，緩刑一年外加美金二百五十元的罰款。然而，這一次的事件像是雷神之鎚，重擊的同時也點燃他重新振作的火苗。心開眼明的老虎看清楚自己所在的人生交叉口；他可以忙著沈淪探底，也能積極地救贖自己。時間讓他的背部不再劇痛，也讓他有機會反省，再對焦在人生中和球場上的不同面向。這麼一位曾經被認爲是高爾夫運動史上可能被封爲最強戰將、唯一有機會打破所有記錄的偉大選手，經過諮詢和治療，下一步就是回到他熟悉的球場上了；那也是他原有的歸屬。

球迷看到他第一次擔任美國隊總統盃的副隊長時，眼神中透露著擔憂，然而言語裡傳達的支持給他更多的力量，也舒緩了他曾擔憂的情緒。那曾經是「老虎知道球迷應該知道他是個糟糕的人」的憂心，如今，球迷用微笑和不具刺探性的眼神凝望著他，再次接納了他。

高爾夫球和人生有著異曲同工之妙。在蜿蜒、不平整的草地上面對自己打出去的每一顆球，並且面對擊球的結果、接受它的落點，如果不是理想的位置，那就重新整理下一桿的策略；不管結果如何，一定要把這一洞放下，接著挑戰下一洞。在一場十八洞的比賽中，每一位選手都在面對自己、挑戰自我，進而尋求突破和進化。

他重整了揮桿，重整了身心，同時也重整了人生！

在二〇一八年亞特蘭大聯邦盃的最終站，老虎終於解封五年沒有任何冠軍的乾旱期！隔年，在他的職業生涯首次攀上高峰的大賽——奧古斯塔名人賽的場上，從對手發生失誤，到他在第十六洞再度以神乎其技的開球，一幕幕讓人難忘的畫面，是他牢牢鎖住了最終勝利的關鍵！僅以一桿之差獲勝的他意氣風發地再次穿上象徵冠軍的綠色夾克，一口潔白的牙齒和布滿了魚尾紋的眼角相映成趣，這是他第五度在奧古斯塔名人賽封王，也是他高球生涯之中首次在最後一天最終回合，在落後的劣勢之下後來居上，打敗其他好手勇奪冠軍！這一年是二〇一九年，和上一次穿上綠夾克相距了十四個寒暑。

在各項運動發展的歷史上，不乏讓人津津樂道想忘記都難的東山再起、谷底反彈的佳話；尤其當你在這個世代的沒落，卻又在另外一個世代再創高峰。當初走向下坡的原因可能是受傷，也可能是因為曾經擁有的優勢不復存在，或甚至被後浪淹沒，鮮少是像老虎伍茲這麼錯綜複雜，卻又像是自作自受的例子。這造就了他的與眾不同，也再次確認他早已穩如泰山的歷史地位！

自己也曾經歷過捲土重來的籃球之神喬丹在二〇一九年說過：這是他見過最偉大的東山再起！

某一個星期日午後，當高球球迷在蜜月旅行後第一次與另一半為了看球賽爭吵、虔誠的教友接二連三的衝回家換裝……，不管你是潛水的沒潛水的老虎迷都浮上水面，人人的目標都是盡早抵達球場，加入「老虎伍茲週末狂熱」！無聲的快門在size不同的螢幕上不斷地捕捉各種影像。球場上四處都有不願錯過那熟悉到不行的畫面的人們，每一次揮桿和交頭接耳的耳語配合的恰到好處！草綠色的果嶺上，紅黑配色的正是老虎的標準狩獵行頭；大字型高舉的雙臂早已為了未來的雕像和商品做了最好的主題！伍茲張牙舞爪的歡呼也是所有虎迷終於卸下重負的釋放！

爲什麼我們也同時跟著吐出一口大氣，甚至是吶喊歡呼呢？

當老虎張開雙臂歡呼，熟悉的感覺又再度回到腦海，老虎眞的回來了！

常sir的Memo

老虎伍茲說過：「明天最棒的一件事情就是——明天的我會比今天更好！」

（The greatest thing about tomorrow is I will be better than I am today.）

PART 2

運動家精神

就連「演員」也不一定能碰到這麼有啓發性的劇本！

Nelson Mandela

Herb Brooks

Nikki Hamblin、Abbey D'Agostino

Andy Roddick

Cal Ripken Jr.

David Purley、Roger Williamson

David Rohlman

Tommie Smith、John Carlos、Peter Norman

用橄欖球調和人性的偉大人物

南非總統曼德拉 Nelson Mandela

二〇一九年年底，世界盃橄欖球賽在日本盛大揭幕！這一項每隔四年就勾起無數熱血靈魂的世界體壇盛事，到了最後冠軍決戰，南非再一次在冠軍賽中技壓英國拿下世界盃的冠軍！這是南非橄欖球隊第三度在世界盃這一項最高殿堂的比賽中勇奪金盃，也是第二次讓英國吃鱉。

話說從頭，一九九五年是世界盃橄欖球錦標賽第三屆舉辦。一九九三年，在國際橄欖球協會的會議中，決議兩年後的第三屆世界盃大賽將在南非舉行。這是南非首次參賽，也是南非第一次藉由這項運動向世人宣示他們的決心和讓全世界刮目相看的重要關鍵！

而一心促成這一切的幕後推手正是入獄長達二十七年，一九九三年獲得諾貝爾和平獎，一九九四年才獲釋出獄，同年五月就被選爲南非總統的曼德拉（Nelson Mandela）！這位生前非常受人敬重的總統一直都很強調寬恕與運動的重要性，他曾說過：「**運動非常重要，運動擁有改變世界的力量。**」這一次在世界盃橄欖球錦標賽中曼德拉的目標並不在於改變世界那麼宏遠；他想的是如何讓政經兩個面向在當時都處於動盪和不振的年代中，重新讓黑白種族隔離的南非再度團結起來。

當然這並非是能一蹴可幾的大業，然而就當時南非所面對的狀況來說，重新讓這個國家的體質再度回到正軌，所需要的不是頭痛醫頭、腳痛醫腳的藥品，而是內服外用，雙效並行的特效藥物。曼德拉心中所鍾情的媒介，就是將代表南非在世界盃出賽的跳羚隊（Springboks）。

坦白說，「跳羚」這支球隊，它所代表的非但不是橄欖球界的凱撒之師，更像是其他對手最想遭遇的軟柿子一枚。在一九九五年世界盃開打之前，這支球隊被專家一面倒地預測在世界盃只能勉強擠進八強，運氣差一點，甚至在第一輪就碰上才剛剛打敗過他們的澳洲隊，很有可能在父老面前就打包說再見。

然而，在天時地利人和加上使命感的相乘效果之下，跳羚這支國家代表隊首戰就讓專家和球評滿地找尋打破的鏡片和預言，打敗了最有冠軍相的澳洲代表隊。當時是澳洲隊近三年比賽首次輸給南非。接下來，南非在分組循環賽中大獲全勝，輕鬆晉級。在八強淘汰賽中面對西薩摩亞也輕騎過關；在準決賽前，儘管因爲雨勢影響延後開戰，卻不影響南非跳羚隊的贏球信念，還是小贏了法國四分。

冠軍決賽在可以容納六萬名熱情球迷同場觀戰的艾利斯公園舉行，對手是得分能力超強、實力更強大的紐西蘭全黑隊（All Blacks）。這一屆世界盃南非隊靠著防盜鎖加上電子鎖，一直是失分最少，防守出色的勁旅。兩隊苦戰到延長賽才讓這一場名符其實的龍爭虎鬥落幕！跳羚隊以十五比十二勇奪第三屆世界盃橄欖球錦標賽冠軍！

用一個冠軍獎盃弭平種族對立問題？這是總統和隊長喝完了下午茶之後的共識。到底怎麼辦到的？如果你像我一樣不在現場，也許這一部電影可以讓你更進一步地瞭解整個輪廓。

由知名演員、導演克林伊斯威特（Clint Eastwood）執導，加上兩位實力派演員：摩根・費里曼（Morgan Freeman）與麥特・戴蒙（Matt Damon），聯手重現這一個南非歷史上重要事件的電影，片名爲《打不倒的勇者》（Invictus）。

Invictus原本是拉丁文，原意是無法征服的，所向披靡的；十八世紀（一八七五年）英國詩人威廉・韓利（William Ernest Henley）在維多利亞時代發表過一首短詩作品，也同樣是以這個拉丁文做爲詩名。在此節錄這首十六行詩中我最喜歡，也或許是象徵這部電影精神所在的幾句話：

縱有過去多所威脅（And yet the menace for the years）
我從來不曾畏懼（Finds, and shall find me unafraid）
我是我的生命的主宰（I am the master of my fate）
我是我的靈魂的主人（I am the captain of my soul）

這部電影取材於英國獨立報記者約翰・卡林（John Carlin）的著作《化敵爲友》（Playing the Enemy）。卡林是一位常駐在南非當地的資深記者，他經過六年時間的深入觀察和走訪瞭解，讓我們更能從他的報導或是著作中認識曼德拉總統以及當時南非的困境。

全片中有許多場景是在實際發生地點拍攝的。例如：跳羚隊全隊造訪已故的曼德拉總統被禁錮二十七個年頭的牢房、一九九五年世界盃橄欖球的冠軍決戰場地艾利斯公園（Ellis Park）等，都完全還原了真實的樣貌。更有趣的是，以九十五歲高齡辭世的前南非總統生前不只一次表明過：「如果未來在電影裡有哪位演員有機會扮演我，那麼我希望這位演員是摩根．費里曼。」之後費里曼不僅用他的精湛演技讓觀眾彷彿看到曼德拉本人，刻意放慢的說話速度甚至讓人閉起眼睛就有如聽到總統本人正在對著大家說話，這一部電影的拍攝也意外撮合了兩人成爲了好友。

而另一位重要人物：跳羚隊的隊長法蘭斯瓦．皮納爾（Francois Pienaar）由麥特戴蒙擔綱演出。在電影中，他的南非口音幾乎讓觀眾忘記他是一位美國演員；加上他扎實的重量訓練也讓他呈現了運動員的體型和線條。就連髮型和大鼻子也幾乎完全還原了當年皮納爾的樣貌。

自一九四八年以來，白人至上主義在南非迅速擴張，進而演變成黑白種族隔離，是我們對這個國家一直以來的認知。就在對立面節節升高，人民內戰山雨欲來、社會面臨分崩離析之際，曼德拉從鋃鐺入獄前的恐怖分子，到出獄後搖身變成了民選總統。這位經歷人生大迴轉的大人物，始終不放棄說服那些一心一意只想用武器復仇的黑人放下仇恨、忘記過往，一起站在國旗下爲白人引以爲傲的橄欖球大聲叫好。他更擁有一支黑人和白人混搭的隨扈團隊，以身作則地展現團結支持的力量。他是媒體記者筆下南非的林肯，也無庸置疑地是南非的國父！

在這樣的過程中，寬恕除了扮演關鍵角色，更是一種強大的、無形的力量。想要身體力行地打從心底原諒曾經與你站在對立面的敵方，需要很大的勇氣。時而必須易地而處、換位思考，也需要捐棄前嫌、屏除成見。曼德拉正因爲親身實踐了它，使得他終於脫離受刑人的身分後，在走出了監獄大門的那一刹那就原諒曾經讓他身陷牢籠的對頭。因而他把撫平黑白間對立的傷害，當作是他成爲人民託付的國家最高領導人的首要工作！唯有和平共處才能帶來眞正的進步和幸福。

頒獎當天，隊長皮納爾從在冠軍賽前就已經把南非代表隊——跳羚隊的球衣穿在身上的曼德拉總統手中，接過代表世界盃冠軍的韋伯．艾利斯獎盃（Webb Ellis Trophy），場內外在藍天之下四處飄揚的彩虹旗彷彿只是配角。當主角的畫面終於出現時，這座每四年才有一次機會高舉的獎盃反而變成了種族之間不再有問題的最大獎勵。由總統親自領導的全民包容、相互尊重，彼此寬恕的不可能任務至此功德圓滿。

皮納爾說過：我們不只是一支橄欖球隊。不管你同不同意……，時代不同了，我們也要隨之改變。

當然，光憑我這麼一篇短文想呈現曼德拉總統對於南非的貢獻或許是滄海一粟。然而，這可說是劃時代冠軍背後的意義，想藉由金光閃閃、被安放在獎盃櫃裡的韋伯．艾利斯獎盃來表達，恐怕也有限吧?!

常sir的Memo

曼德拉曾說過一句我很喜歡的話：「在事情完成之前總是看似不可能。」

(It always seems impossible until it's done.)

冷戰英雄

美國冰上曲棍球代表隊教練爾布．布魯克斯 Herb Brooks

我們是製造夢想的人，我們也是在夢想中努力實踐的夢想家。

二〇〇三年八月，美國的報紙上登載了一則新聞：「冰球場上的奇蹟製造者——爾布．布魯克斯（Herb Brooks）教練在車禍中喪生，享年六十六歲。」就在明尼蘇達近郊的高速公路旁一輛翻覆的小型休旅車外，躺著他冰冷的遺體。他不再低頭沉思、不再咄咄逼人、不再對他的球員不斷地重複大喊「再一次」，警方調查後判斷駕駛沒有佩戴安全帶，於是這一場意外將他拋出了車外。就這樣，他和他的熱情悄悄地走了。

但是，他的人生是擲地有聲，鏗鏘有力的。

八〇年代，美蘇之間的緊張關係導致了各式各樣的競賽，競賽的範圍從陸地一直延伸到太空，雙方依舊處在冷戰時期。原本以為會老死不相往來的兩國，在國際運動場上倒是常常互別苗頭。山姆大叔有著他的強項，而蘇聯又怎會甘心屈服在資本主義的運動員之後？兩邊的選手在比賽場上比的往往不只是成績、名次，還有國族意識以及政治立場。

當年，冰上曲棍球是蘇聯在運動場上最引以為傲的強項之一，而布魯克斯教練對這一點有深切的瞭解。除了瞭解之外，他更想要的是挑戰當時其他的冰上強權以及蘇聯這一支「不可能」被打敗的冰上雄獅。畢業於明尼蘇達大學的爾布．布魯克斯，在大學時期就由另外一位傳奇教練馬瑞尤其（John Mariucci）所帶領，展露了他在曲棍球運動方面的才華。一九五九年畢業之後，他還陸陸續續地穿著美國國家隊和奧運代表隊的球衣出賽。雖然沒有彪炳的戰功，但是累積了不少國際賽的經驗，這對他來說是豐富的收穫。

布魯克斯教練一直很喜歡這一句話：「我們是製造夢想的人，我們也是在夢想中的夢想家。」一九七二年，他回到母校展開他的執教生涯。原本明尼蘇達大學的冰上曲棍球隊是其他學校拿來進補戰績的好對象，但當鐵血教頭接掌兵符之後，只花了兩年的時間就把這一個人人看作是爛隊的球隊，一路拉抬到拿下全國冠軍！他的第一個夢想就在自己手中親手實現了！

回到國際體壇上，冰上曲棍球的霸主蘇聯代表隊已經在冬季奧運會的冰上曲棍球項目上取得四連霸的成績。這一支以職業選手爲主而組成的國家代表隊，擁有豐富的大賽經驗，國際賽事都不知道打過多少！說他們是一支不敗勁旅一點也不爲過。由於美國冰上曲棍球隊想在一九八〇年的寧靜湖冬季奧運有所突破，於是在尋找主帥人選的時候，聚焦在這位難搞又固執的布魯克斯教練身上。

反觀布魯克斯教練在他的手中有些什麼牌呢？

這位一生曾執教過四支不同職業冰上曲棍球隊、三次帶領明尼蘇達大學打下全美大學冠軍的教練說：「我要的球員必須要有把球衣胸前的名字（指隊名）看得比後面（指選手名）還重要的信念。他們要肯拚、肯纏，肯爲自己所代表的國家做無悔的付出。這就是我要的球員！」換句話說，想在他的麾下穿著國家隊的球衣出賽，你得有堅定的意志和吃苦的準備。在這樣「一眼就可以看穿事情，同時知道自己該怎麼做、該做些什麼」的洞察力之下，教練親手挑選球員，並組成了他所要的美國冰上曲棍球代表隊。他帶領著以大學生爲主所組成的美國隊，準備在最熟悉的土地上對抗全世界競爭意圖最明顯、對於奪取奧運金牌最積極的對手——嗯，就是又要面子、更要裡子的蘇聯隊。

一九八〇年二月二十二日，美國冰上曲棍球代表隊在紐約州寧靜湖所舉辦的冬季奧運中一路過關斬將，晉級到了萬眾矚目的準決賽，碰上一周之前才剛剛在紐約麥迪遜花園廣場的表演賽中以十比三痛宰美國人的蘇聯代表隊，雙方在激戰中打成三比三平手。比賽只剩下十分鐘就要結束。這時，年輕的美國小將攻下超前的第四分，並且一路維持領先到終場，這一支以業餘球員爲主的美國隊，最重要的場合以最佳表現粉碎了蘇聯隊準備衛冕的目標！興奮的球賽主播大喊：「你相信奇蹟嗎?!」山姆大叔的子民陷入瘋狂！儘管金牌之戰還沒舉行，但每一位運動迷的情緒反應就像已經拿到了金牌一樣雀躍、開心。

在接下來的奧運金牌戰，美國隊於比賽中後來居上打敗芬蘭代表隊，順利地將這一面奧運金牌留在家鄉。

布魯克斯教練在一九八〇年寧靜湖奧運準決賽前對他的子弟兵說：「在座的每一個人都拚了命才能有今天的機會。你們是天生的冰上曲棍球好手，而今天你們應該已經準備好在這場重要的比賽出賽了。這是屬於你們的時代！蘇聯已經是過去式，我不想再聽到蘇聯球隊到底有多麼強大。現在就準備好，上場去創造你們的時代！」

就在那一大片才剛寫下歷史、結束惡鬥的白色冰塊上，選手相擁慶賀、擊掌聲響不斷，但在媒體四處找人訪問的場景裡，就是遍尋不到教練的身影。

原來，他已經回到辦公室了。

「這是他們的努力、他們的榮耀！那不是我應該駐足的地方。」教練如此說。

爾布．布魯克斯，這位總是知道自己該做什麼、該怎麼做，總是把辛苦當成養分，最後將榮耀歸給選手的一位鐵血教頭。他不僅是在冰上曲棍球的訓練和認知上走在這一項運動的尖端；同時，也是位善於鼓舞他人，以忠誠之心面對朋友，把時間留給家人的父親。你相信奇蹟嗎？有時候由不得你不信！

布魯克斯教練帶著一種愚公移山的精神，在他所信奉的冰上曲棍球上實現，努力不懈，用他嚴格要求自己和球員的態度，外加過人的洞悉及執教能力，組成一條通往成功的康莊大道。成功不必在我、而功力必不唐捐，儘管布魯克斯教練帶著一生的豐功偉績離開他的家人和這個世界。然而，在美國運動史上的「冰上奇蹟之夜」，他和他的美國隊成員寫下了光輝、燦爛，讓人難以忘懷的一頁；這是讓人永遠難忘，也不能磨滅的。

「**想成為頂尖的運動員，你得先打敗最強的對手！**」（In order to be the best, you have to beat the best.）這句話永遠都是運動場上的眞理。美國隊的大學生們在天分、經驗和實力上也許都不如蘇聯隊的職業運動員；就因爲如此，哪怕只有一夜，那種小蝦米扳倒大鯨魚所產出的撼動能量和不可思議的程度，都足以口耳永續相傳、千秋世代流芳。

常sir的 Memo

布魯克斯教練曾經說過：「精采絕倫的時刻只有在千載難逢的機會中才會出現！」

（Great Moments are born from great opportunity.）

我們不只是對手，更是朋友

紐西蘭女子長跑選手漢伯琳 Nikki Hamblin、美國女子長跑選手達高斯堤諾 Abbey D'Agostino

紐西蘭的女子長跑選手漢伯琳（Nikki Hamblin）和來自美國的女子好手達高斯堤諾（Abbey D'Agostino），滿臉笑容的接受由國際奧會公平競爭委員會所頒發的公平競爭獎。兩位選手在巴西里約奧運會的五千公尺小組賽中相互扶持，不但成爲攝影鏡頭下的人物嬌點，更寫下里約奧運最讓人動容的一刻！

什麼樣的情境下，會讓兩個素昧平生，分別居住在地球上不同半邊的長跑選手，不但是場上的競爭對手，更因爲命運的安排，讓她們的運動生命彼此交織出運動競技場上最動人的篇章？

時間拉到二〇一六年的里約奧運會，在運動場上正準備進行的是女子組五千公尺第二組分組預賽。透過攝影鏡頭觀察，上一次因爲受傷，但是這一次又終於再度站在奧運舞台的漢伯琳看起來有點緊繃。就在她的身邊不遠處，滿心歡喜、正參與人生奧運初體驗的達高斯堤諾向著鏡頭笑著揮手，兩人的情緒在此時還大異其趣。殊不知，同樣的兩人也將成就本屆奧運會最美的畫面。

在任何運動競技的場域之上，選手們盡其在我，將自己平日辛苦的訓練成果轉變成爲最好的成績乃是天經地義的事；每一個人的目標都是終點線，鮮少有人會爲了對手而稍做停留。這當然不難理解，因爲，對敵人仁慈也就是對自己殘忍。

鳴槍起跑後，所有的飛毛腿女子都你推我擠插空隙，以便爭取到內線跑道的有利位置。當然，這兩位選手也不例外。就在距離終點只剩下大約四圈時，突然，漢伯琳可能是因爲絆到前方跑者的關係，毫無預警地跌了一跤；正在後方的達高斯堤諾也因爲這個突發狀況跌倒在跑道上，隨後觀眾看到，迅速爬起來的達高斯堤諾並不是馬上衝向終點，反而是立刻告訴坐在跑道上的漢伯琳：「加油！起來繼續跑！我們要跑完全程！」

受到鼓舞的漢伯琳也立即擦乾淚水把焦點放在比賽上，爬起來加入比賽。兩位決心要把比賽跑完的選手，一起繼續向前跑了一段之後，沒想到又出現了另一個猝不及防的狀況：這一次是美國的達高斯堤諾的右膝蓋受傷了！

坐在跑道上的達高斯堤諾，臉上痛苦的表情和無助的眼神讓人擔憂。然而，這次輪到經過她身旁的漢伯琳立刻停下腳步關心這位同組的競爭對手狀況如何。而這一連串的意外事件也影響到了另外一位奧地利選手沃斯[7]（Jennifer Werth）。

賽後，這位右膝蓋前十字韌帶因此斷裂的美國選手達高斯堤諾回憶起這場比賽，她說已經忘了是怎麼再次摔倒，而漢伯琳又是怎麼幫她站起來的，直到隔天，她看了比賽的影片後才對發生過的一切更加清晰。當然，她也注意到畫面中的漢伯琳陪在她身邊，陪著她跑了一小段。

漢伯琳最後的完賽時間是十六分四十三秒六一（排名第十五），比起同組最快

7　由於這一次的突發狀況，使得沃斯最後的成績受到了影響，以第十四名完賽。

抵達終點的衣索比亞選手慢了一分半鐘以上。而另外一位故事的主人翁：美國選手達高斯堤諾在嚴重受傷的情況下以十七分十秒〇二完成了五千公尺的小組賽事（排名第十六）。在終點迎接一拐一拐的達高斯堤諾的是：全場早就已經拍紅了手掌的觀眾、一張已經準備好的輪椅，還有漢伯琳溫暖的擁抱。

「除了意志力和我受傷的右膝蓋之外，唯一支持我繼續跑向終點完成比賽的力量，就是上帝了！」達高斯堤諾說。至於漢伯琳，她根本不敢相信當她抵達終點，立刻回頭尋找剛剛那位和自己交錯的美國朋友時，她竟然還在跑道上踽踽獨跑著。她那蹣跚的步伐和忍痛不放棄的表情是堅持和毅力的最佳側寫。

「我想我們都知道身爲一位運動員的夢想，基本上在我們跌倒在賽道上的那個瞬間已經夢碎了。這是殘酷的現實！但同一時間發生的事情又是那麼的美好而不可思議！短短的幾秒鐘，漢伯琳和我共同經歷了運動生涯的低谷，同時感受到了人性本善的眞諦。我想這是他人不一定會有的特殊經驗。」事後，達高斯堤諾將她的感受娓娓道出，這是最讓我動容的部分！

好事成雙，這是我們常常聽到的一句話。上述的三位在分組預賽第二組的選手都未能以分組前八名的成績進入五千公尺決賽。可是在三天之後，大會決定讓這三位選手（達高斯堤諾，漢姆琳和沃斯）一起參加決賽。美國選手達高斯堤諾的膝蓋讓她只能選擇棄權；漢姆琳和沃斯包辦了最後的兩個名次。

二〇一七年二月份，雙姝又一次在世界級運動獎項的頒獎典禮上碰面了，這一次是在摩納哥所舉行的勞倫斯世界體育獎。這個獎項是表彰過去一年之中，世界體壇最頂尖傑出的選手或相關的人事。兩位選手都穿著小禮服，彼此的眼中都有著他人大概無法理解的相知相惜，來自於紐西蘭和美國的她們再度成爲了焦點。她們被提名的獎項是——**年度運動賽事的最佳時刻（Laureus Sporting Moment of the year）**。在奧運會結束之後，漢伯琳和達高斯堤諾藉著電子郵件和通訊軟體保持聯繫，相互關心；然而這也是她們倆人最後一次見面了。

現年二十六歲的達高斯堤諾在奧運期間受傷的部位除了前十字韌帶之外，還有半月板。動了膝關節手術後，經過半年多的休養和復健，她重新展開訓練。但是大腿的後腿筋拉傷，使得她的訓練再度中斷。篤信上帝的她在每一次站上起跑線之前，都會在掌心上寫下一段聖經的經文內容。在奧運會上，她寫的是：「**神能照著運行在我們心裡的大力，充充足足地成就一切超過我們所求所想的。**」

受傷休息的這一段日子，她很樂於分享，當個見證神蹟的講者、受邀到紅襪隊的主場芬威球場擔任開球貴賓等等。她說過：「能夠有機會站上奧運舞台已經足已讓我滿懷感恩之心，在這個過程中所發生的任何事情都不會讓我覺得後悔。」

目前三十一歲的漢伯琳住在紐西蘭北島，心中那個從十五歲就開始萌芽的奧運獎牌夢，並沒有因爲二〇一六年的功敗垂成而有一絲動搖。在里約奧運會之後，她也休息了三個月；但是沒想到接下來她也在訓練中受傷，所有的計劃只好擱置。在休養期間，她完成了大學學業，拿到了社會學的學士學位；她在紐西蘭自行車協會工作，幫助所有對腳踏車有興趣的朋友。現在的她依舊把目標訂在二〇二〇年東京奧運（由於新冠肺炎的疫情在全球蔓延，因此東京奧運會被迫延後舉行），希望經過倫敦奧運前的阿基里斯腱受傷和里約奧運的意外事件後，她可以有再次爲國爭光、爲自己圓夢的機會。

她說：「經過了里約奧運，我瞭解人生不僅是由結果堆砌而成的；過程比起結果更加重要。同時我學習到了人生在許多不同的面向上，都存在著正面的意義！」

奧運精神除了更高、更快、更強之外；更重要的是表現出運動家精神與風度，以及人我之間溫暖的人性面。少了賽場上的競爭，奧運會便失去了四年一次的競技意義；沒有了人性本質的展現，即便是世界級最高殿堂的運動場，可能不免也會讓人聯想起捉對廝殺、刀刀見骨的冷漠競技場吧？

至於這兩位選手會不會再次在奧運會上相見？就由時間告訴我們答案吧！

常sir的Memo

達高斯堤諾是達特茅斯學院校史上第一位稱霸美國大學的女性中長跑運動員。在大學時期，她一共拿下七次NCAA冠軍。二〇一四年開始轉入職業選手發展，二〇一六年第一次代表美國參加夏季奧運，二〇一六年她在五千公尺項目上排名世界第十四。

漢伯琳是四屆紐西蘭一千五百公尺項目的全國冠軍。一九八八年出生在英國，二〇〇六年搬到紐西蘭定居，並在二〇〇九年成為紐西蘭公民。二〇一〇年在印度德里所舉行的聯邦運動會上，她一舉刷新了紐西蘭八百和一千五百公尺的全國記錄。

拱手讓出的冠軍獎盃

美國男子職業網球選手羅迪克 Andy Roddick

身爲一位職業選手，和業餘選手最大的不同點在於：一位職業選手要在他所專精的運動項目拚冠軍、拿獎金，來支付自己的訓練和比賽費用，甚至要養家活口。在這樣的前提下，在場上必須要展現出求勝的意志，技術的發揮以及掌握獲勝的契機，還得常常獲得觀眾和球迷的掌聲。

然而，也有例外的時候。

對於網球運動相當熟悉的讀者對於Andy Roddick（美國男子職業網球選手羅迪克）應該不會太陌生。這位在二〇〇三年美國網球公開賽男子單打奪冠的選手，於同一年攻占上男子單打世界排名第一的寶座，聲勢和球技可以說雙雙來到了頂點。在那幾年，單打冠軍決賽中看到他的名字是司空見慣的事情。然而，他也是一位脾氣火爆型的選手；綽號A-Rod的他常常在球場上為了一個得分與否的你來我往，在言語上出現和裁判言語交鋒的互槓畫面，也充分顯現了他對於網球的執著和對於勝利的渴望。

在二〇〇五年ATP（世界職業網球協會，Association of Tennis Professionals）的羅馬大師賽，羅迪克在比賽中讓我們認識了他對於捍衛運動家精神的終極表現。首先，羅馬大師賽在ATP的所有巡迴賽中屬於最高積分等級的千分積分比賽。也就是說，選手在比賽中勇奪冠軍的同時，可以拿下一千分的ATP積分，對於選手的職業世界排名有相當程度的幫助，當然獎金也非常可觀。

在這樣的背景之下，羅迪克和他的對手——來自西班牙的非種子好手佛達斯柯（Fernando Verdasco）在八強賽事中狹路相逢。於三盤兩勝制的比賽中，羅迪克一路壓著佛達斯柯，不但先取得盤數上一比〇的領先，更在第二盤持續保持五比三的局數領先，並且在第九局的比賽中以四十比〇握有三個賽末點的極大優勢。而在這個節骨眼，對手在他的發球局發出一記正好在邊線附近的第二發球，線審毫不猶豫地做出出界的判決。

這一次雙發失誤（Double Fault），無異是將勝利送給了羅迪克。正當主審向全場的球迷宣布獲勝選手、晉級準決賽的是羅迪克之時，我們故事的男主角非但沒有離開球場走回休息區整理東西準備接受歡呼，他反而向裁判力爭這一記發球是在紅土球場界內的好球，應該是一個得分的ACE球。就這樣，在雙方討論，並且裁判也經由檢視確認，同意羅迪克的據理力爭之後，比賽繼續進行。

這一盤的氣勢導往佛達斯柯，他在搶七的過程中拿下第二盤。接下來的第三盤也被佛達斯柯順利贏到手。這一個在第二盤看似只是一個ACE的第二發球，意外地扮演了整場比賽勝負轉換、豬羊變色的轉捩點。

原本可以有機會在紅土球場挑戰個人八連勝，同時準備接受賽後英雄訪問的羅迪克，最終失去了創造個人記錄、前進準決賽，和爭取冠軍積分與高額獎金的機會。迎接他的是臉上寫者滿臉問號的媒體記者們。

「其實我沒做什麼了不起的事情。」羅迪克輕描淡寫地說。「如果我是在硬地球場和他比賽，也許我也就大聲歡呼，欣然享受勝利的一刻了！但是在紅土球場，當我回頭再檢視網球的落點時，我發現那是一記好球，是個界內球，說不定裁判也會立刻發現更改判決。我所做的只是誠實以對，據實以告而已。」羅迪克又說：

「有些你沒打好的比賽輸了就是應該的。但是今天的佛達斯柯不應這樣輸球。」

到底十五年前羅馬大師賽的冠軍得主是哪一位高手，就留給您自行去搜尋了。但是在任何搜尋引擎中大家也許搜尋不到這樣的運動家精神。羅迪克一心想要在公平競爭的原則下，以不欺人也不利己的原則贏得比賽，即便是再多的積分，再高的獎金或是再讓人無法追上的個人記錄，都不能和這一份內心的高度相提並論。

常sir的 Memo

安迪・羅迪克，美國男子職業網球選手，職業生涯的高峰出現在二○○三年的美國網球公開賽，由於他成功拿下冠軍，因而在二○○三到二○○四年期間曾在網壇男子單打排名世界第一。只可惜，這也是他個人在大滿貫賽事中的唯一一座冠軍頭銜，其後也曾在溫布頓草地網球公開賽於二○○四、二○○五和二○○九年分別闖進決賽，但是三度敗在費德勒（Roger Federer）的球拍下只能帶走亞軍獎盃。他在二○一二年的美國網球公開賽期間宣布他即將在打完這一項賽事後退休，他正式昭告天下的那一天，也正好是他三十歲生日。

二○一七年七月，安迪・羅迪克正式進入國際網球名人堂。

連續上了十六年班的人

金鶯隊小瑞普肯 Cal Ripken Jr.

當人們說起「鐵人」的時候，我想浮現在腦海中的第一個畫面大概就是游泳一千五百公尺、自行車四十公里騎乘，加上十公里長跑的鐵人三項運動了吧！可能有少部分的資深大聯盟球迷會把「鐵人」這個名詞和一位美國職棒名人堂選手小瑞普肯（Cal Ripken Jr.）聯想在一起。這位曾經任職於美國職棒大聯盟總部，司職兒童親善大使的小瑞普肯就是這篇文字想介紹給你的對象。

綽號叫做「鐵人」的小瑞普肯，一九六〇年出生在美國東岸的馬里蘭州。老爸老瑞普肯（Cal Ripken Sr.）自從一九五七年開始，就是巴爾的摩金鶯隊的小聯盟捕手。後來由於肩膀受傷，他的大聯盟之夢也只好提前宣告結束。然而，對於棒球的熱愛讓老瑞普肯一直留在金鶯球團，後來還分別任職大小聯盟的教練以及球隊總教練。因此，年輕時小瑞普肯得以在夏季放假時跟著身爲職棒選手的爸爸南征北討，在主場、客場之間跟進跟出，不亦樂乎。

這樣看起來，小瑞普肯職棒生涯只待在金鶯這一支球隊似乎也完全合理。說起來有意思，小瑞普肯這位大聯盟名人堂球員一開始想打棒球的原因，居然是因爲能夠和父親有更多的相處時間。沒有想到這樣的理由，可能成就了他超越前人，後面不知道還有沒有來者的偉大記錄。

美國職棒大聯盟例行賽的賽事安排幾乎是日復一日，沒有太多的休假時間。他從一九八二年的五月三十日到一九九八年的九月十九日不曾缺席過任何一場比賽。從來沒有！超過連續十六年的全勤累積了連續出賽二千六百三十二場的超級記錄！（如果有全勤獎金的話，光獎金大概搬都搬不動了吧!?）

九月二十日的比賽開打之前，他宣布將休息一天，正式地讓這個驚人的大聯盟記錄畫上句點，並將它再推向另外一個幾乎只能遠眺，而無從接近的高峰！前記錄正是由紐約洋基隊的明星球員「鐵馬」葛瑞格（Lou Gehrig）所保持的二千一百三十場（一九二三～一九三九年間）連續出賽記錄。

喜愛ＭＬＢ的朋友大概都同意，在棒球的歷史上有幾項重要的記錄可能是牢不可破的，其一就是小瑞普肯所保持的連續出賽記錄。若以每季一百六十二場例行賽來計算，這表示他有大約十六個球季不曾在任何一場比賽中缺席！這代表的不只是他的球技和能力，更讓你我見識到他那讓人很有安定感的穩定性，對自己的要求高標準以及堅持下去的毅力。

一九七六年是一個重要的轉捩點。這一年，父親老瑞普肯得到了球團拔擢，成為大聯盟球隊教練團的一員，兒子順便到大聯盟球場和大聯盟球員混在一起，幾乎可以打趣地說這就像兒子和老爸一起升上了大聯盟一樣。正當爸爸忙著指導年輕的新血輪，或是和當時的球隊選手交換意見；十六歲的他就和其他選手一起接飛球、一邊進行打擊練習一邊聊天。在這個階段小瑞普肯得到了許多大聯盟球員的眞傳，就像是走進了少林寺藏經閣的小和尚，整天和金剛經、易筋經泡在一起。選手中的代表人物就是大聯盟史上最強的三壘手之一——羅賓遜（Brooks Robinson）。

如果說這一階段如內功直接挹注、醍醐灌頂，當然不是言過其實；可是也沒讓在一九七九年被金鶯隊於第四輪挑中的小瑞普肯甫進入小聯盟之後就如魚得水、大殺四方。雖說偷練內功之後功力大增，但還是需要在武林大會上揮拳比試，實地和對手過招。經過三年的磨練，這位得償所願的主角在一九八一年升上大聯盟，他完成了對於父親來說有些許遺憾的目標—正式升上大聯盟，成為一位大聯盟選手。

小瑞普肯顛覆過去傳統棒球對遊擊手的先天條件和後天要求。在以往個子小、動作靈活，反應敏捷加上柔軟的雙手是我們對於遊擊手的印象，至於打擊，大都可以用「低標、及格」來帶過。然而身高一九三公分，體重一百公斤左右的他不但能防守整個內野最困難、也最忙碌的守備位置，打擊上更有滿滿的長打火力，是近代高大遊擊手的初代人物。

他在美國職棒大聯盟一待就是二十一年，出色的打擊表現和穩定的遊擊守備，讓他有機會改寫許多金鶯的隊史記錄！可以說直到現在小瑞普肯創下了不少的「個人障礙」，足以留給後來想超越前人的金鶯隊選手。這也包括他兒子萊恩（Ryan

Ripken，目前正在金鶯隊的小聯盟力爭上游中）。而小他四歲的弟弟比利（Billy Ripken）隨後也在一九八七年進入金鶯隊，和哥哥一樣是位內野手。兩兄弟一九八七年到一九九二年（後來還有一九九六年）一起穿著同一隊的球服，領取同一支球隊開出的支票；在六百六十三場手足並肩作戰的比賽中，大小瑞普肯一共完成了二百八十七次雙殺守備。

一九九五年九月六日是歷史性的一天。由於小瑞普肯連續出賽的場次從一九八二年的五月三十日開始計算，到這一天正式累計了二千一百三十一場，也宣告了「鐵人」的封號開始和他形影不離！在金鶯隊主場的所有球迷全都參與了這一個光榮時刻，同時在第五局結束時一起爲這位選手所能完成的偉大記錄起立鼓掌致敬，同時，在追平記錄的前一天和寫下歷史新記錄的這一天都打出了全壘打，讓自己和棒球球迷都更加難忘！

快轉到二〇〇一年七月，這位十九屆明星球員最後一次入選大聯盟的仲夏夜明星賽。賽前已經向媒體透露他將在這個球季結束之後就要高掛球鞋，多花點時間陪伴家人。小瑞普肯即使是最後一次參加明星賽也同樣全力以赴，爲了球迷和自己拿出最佳表現！在西雅圖水手隊的主場擠滿了萬頭鑽動的球迷，參加一年一度美國職棒嘉年華的各項活動。三局下半，第一位上場的打者正是小瑞普肯；面對同樣是剛上投手丘的韓國籍投手朴贊浩所投的第一球就打出了全壘打！這支陽春紅不讓讓美國聯盟明星隊首開記錄，取得一比〇領先，同時一路保持領先到比賽結束。他的這支帶有勝利打點的全壘打，也使得已年方四十的小瑞普肯在相隔十年後，再次抱走了明星賽最有價值球員獎的獎盃。

如今的身分已是退休球員的小瑞普肯，比起當年還是球場上的鐵人時期恐怕還更加忙碌。生活中的大小事和棒球依然息息相關，除了擁有家鄉的一支小聯盟球隊之外，他特別投入於培養未來的主人翁，也讓他們能有機會接觸棒球運動這件事上。他一共打造了三個符合要求的少棒球場給小朋友使用；此外，也用他父親的名字創立基金會，在全國蓋了超過五十個多功能型的場地，讓喜歡運動的年輕人有適當的地方可以運動。近年來他更是投筆從戎……哦，是執筆爲文才對。在兒童讀物的書架上，你也可以找到他的作品，書中告訴小朋友運動家的精神和風度是比成績更要緊的；除了展現了自己允文允武的一面外，也讓大眾更瞭解他對下一代的重視。

曾任金鶯隊總教練的已故名人堂選手羅賓遜（Frank Robinson）曾說過：「當我知道每一天我都可以不用考慮就把小瑞普肯的名字寫在我的先發名單裡時，我就可以輕鬆一點了。」現年六十歲的名人堂成員小瑞普肯始終如一地爲金鶯隊付出一切，退休後又爲兒童棒球在國內外擔任大使，貢獻一己之力。現在能夠開心打球的年輕世代除了感念他所做的一切之外，更值得效法學習的是他的堅持精神和正確態度！

常sir的Memo

小瑞普肯曾說過：「只要我還能打球，我決不放棄！」
（As long as I can compete, I won't quit.）

極速得見眞情

英國一級方程式賽車車手普利 David Purley、威廉森 Roger Williamson

最近我除了迷上了高爾夫球之外，也愈來愈喜歡看追求速度的摩托車賽。不管是哪一種賽車運動，它都是一個追求速度、考驗技術，在分秒之中分出勝負的一項比賽。現在我大致可以瞭解每位車迷對於車手每次起跑的期待、每一個彎角的憂心，每一次直線加速的快感，以及最後衝向終點線的屏息。收看這樣的比賽，觀眾需要的是目不轉睛，而比賽的所有車手更是要全神貫注！因爲這不但關係到車手和車廠的年度排名和分站冠軍，還有機會提升品牌的銷售量和市占率。另外一個重點是：不管是哪一種車賽，它都是花費龐大的運動。

一九七三年的荷蘭一級方程式賽車大獎賽，是這篇小故事的時空背景，接下來的故事內容是我認爲賽車運動場上最讓人動容的眞實事件了。

兩位男主角都是來自英國的車手：其中二十八歲的普利（David Purley）算是稍微有點經驗的F1車手，而二十五歲的威廉森（Roger Williamson）則是賽事的菜鳥新兵。在人活著的三千九百四十二萬分鐘（以平均壽命七十五歲計）中最關鍵的這十分鐘，將這兩位同樣都是水瓶座，既是競爭對手、又是朋友的選手緊緊綁在了一起。

威廉森在十幾歲的時候就參與賽車運動。二十三歲那年，從卡丁車開始，他經由小型車賽累積的經驗再進階到三級方程式賽車，還曾在一九七一和七二年於英國獲得冠軍！這兩年的衛冕成功爲他的更上層樓做好完全準備。就在一九七三年，他終於正式站上一級方程式F1賽車的舞台。

威廉森的第一場比賽在家鄉英國，由於起跑後第一圈就出現九輛車的大追撞，他只好被迫退賽，讓這次的初試啼聲只能留下嘆息聲。到了兩周後的荷蘭大獎賽，他早已迫不急待希望可以早點展開；只是沒有人想到這竟然會是老天爺的終極試鍊！

此次比賽地點在荷蘭著名的濱海度假勝地贊德沃特（Zandvoort）。這個賽道由於在一九七〇年六月二十一日發生過英國車手柯瑞吉（Phil Courage）自撞、當場喪命的彎道意外，所以爲了迎接F1賽事的到來並增加比賽的安全性，該場地在一九七二年曾暫時關閉，針對賽道的安全做大幅度提昇，包括全新的控制塔台和緩衝設備。但誰也沒想到居然在三年後，威廉森遇上命運之神的捉弄，在同一個彎角突然爆胎！

而在同一場比賽中的普利，正駕駛著由父親經營的冷凍事業集團所贊助的賽車風馳電掣，專心地想超越每一輛在他前面的車，朝向目標的方格旗和終點線衝刺。正當他通過彎道之後，即看到了怵目驚心的畫面——威廉森的車子因爲高速加上爆胎因而翻覆，正如火球一般的起火燃燒！當車子終於在緩衝區停下，呈現底盤朝上、駕駛座朝下的危險狀況時，熊熊的火光就像在告訴所有人不得靠近，熾熱的高溫也增添了現場的驚悚感。

普利當下毫不遲疑，立刻緊急煞車並把車子停在一旁，成爲第一位到達事故現場的人。他不但勇敢的準備救人，更想用一己之力把翻覆的車子轉正讓威廉森逃生！但，即使有腎上腺素加入，人的力量還是有限，普利手口並用地要求在他之後趕到現場的工作人員幫忙一起將賽車扶正；然而沒有穿戴任何防火裝束的工作人員無異於平民，他們又怎麼敢靠近隨時可能發生爆炸的火戰車呢？於此同時，普利早已耗盡了第一瓶乾粉滅火器！可是對於有汽油又有氧氣的火苗來說，又豈是會乖乖就範的狠角色?!正當意外發生時，威廉森是完全清醒的；而他正用盡全力想從座椅上掙脫，逃出車外。

當時最爲人詬病的是，ＦＩＡ並沒做到讓比賽暫停，反而是讓所有的賽車繼續呼嘯而過，導致除了普利手上拿的滅火器之外，下一個專業的滅火人員竟是在八分鐘之後才到現場！救火車也因爲比賽沒有暫停無法前往施救。身穿防火比賽服裝的普利眼看著時間從蹉跎和猶豫不決中流逝，他很清楚要把正值青春年華的威廉森救出險境已是幾近無望。我們透過影片看到垂頭喪氣的他可能已是萬念俱灰、無心再戰了。

威廉森就在那短短的八分鐘內沒了呼吸少了心跳。二十五歲年輕人的下一場一級方程式賽事，只能在天堂和其他的車手較量了。

一九七〇年代可說是一級方程式賽車的黑色年代。從七〇到七八這九年之中，總共有九位車手在比賽中喪生；這還不包括許多受傷的參賽選手。我想，在那樣的氛圍下參加賽車運動，選手們可能已將個人的安全放在其次。即使如此，普利依舊在最危險的情況下，以救人為首要目標，放棄也許可以率先抵達終點的機會。這是一種深切的關懷，同時展現他惺惺相惜的運動家風範！

我反覆地看著他在影片中用盡全力想要救人，只能無助地看著大火吞噬他的朋友，我彷彿可以聽到他心中的哀鳴，和沒有說出口的難過。

相信你也感受得到。

常sir的Memo

普利後來獲頒「喬治勳章」，這是英國平民所能得到象徵勇氣的最高榮譽。

這位賽車手在一九七四年繼續參加一級方程式賽車之後，便短暫的消失在F1的比賽場上。雖然一九一七年曾經再度回歸，然而也因為賽車場上的意外導致他的肋骨、骨盆和腿部多處骨折。最後在一九八五年他在英吉利海峽死於墜機意外，得年只有四十歲。

年輕的心，動容的情

德卡布高中籃球隊教練羅爾曼 David Rohlman

我們常常聽到媒體或是主播用「世仇對決」來形容運動場上的水火不相容。嗯……倒也不是完全不相容啦！只是眼神突然對到時那種劍拔弩張、敵意快滿到天靈蓋的感覺特別強烈！從教練到選手心裡大概都知道：我可以輸給任何人，就是不能輸給他們！

接下來的故事是一則鮮少被媒體報導的小事，正巧被我在當年的體育新聞片段中發現。有時候，即便是芝麻綠豆大的事也會有意想不到的啓發性，況且，它正好發生在世仇對決的球賽畫面中。

運動競技包含相互競爭，激發出彼此的潛力，用公平公正的態度，以及運動家的精神去爭取勝利的結果。有許多時候，「贏」是我們的唯一目標；但是「贏」的結果眞的代表一切嗎？還是，其實在球場上爭一時的過程中，背後有時也有爭千秋的意涵呢？

說到籃球比賽，罰球不進是讓教練很扼腕的一件事！因爲這幾乎可以說是拿下分數的最好機會，尤其在關鍵時刻更不能小看這一分兩分的重要性。但是當場上的球員故意罰球不進，而且還是教練認可的……這似乎有點與現實背道而馳吧?!

說起密爾瓦基的麥狄遜高中和伊利諾的德卡布高中籃球隊的比賽場上。這兩所學校間的關係相距不過就是兩百公里，但彼此間的世仇競爭就是高中版的杜克大學vs北卡羅萊納大學，或是美國職棒聖路易紅雀對芝加哥小熊[8]。在二〇〇九年二月七日賽前，麥狄遜高中在主場嚴陣以待，雖然球隊的氣氛正處在低氣壓之下，但依舊準備給對手好看。原因是隊長富蘭克林（Johntell Franklin）罹患癌症的母親剛剛結束和死神長達五年的拔河，就在球賽當天上午這位年輕的媽媽在富蘭克林陪伴之下撒手人寰。因此當沃麥克教練（Aaron Womack Jr.）得知這個不幸消息時，他立刻火速趕往醫院，希望能爲他的球隊隊長提供需要的幫助。

此突發狀況加上來回醫院和學校間的奔波也讓比賽受到影響：德卡布高中的同學必須搭車前往客場作戰，但球賽因爲這個原因比原本預定的時間延後兩個小時。德卡布高中籃球隊教練羅爾曼（David Rohlman）在賽前提出過：「現在對於你的球隊來說是個艱難的時候，我們之間的比賽可以改天再打。」麥狄遜高中教練沃麥克卻說：「你們大老遠跑了一趟，只登錄了八位選手的麥狄遜高中籃球隊希望可以完成比賽，球員們也都期待著雙方在球季的第三次交手。」最後，羅爾曼教練提議讓來回奔走的沃麥克教練好好地和球員相處一下，等到全隊都準備好了再開始。於是就在大家整理好心情之後，比賽又晚了兩個小時左右才開打。

由於沃麥克教練考量到在醫院裡的富蘭克林才剛歷經喪母之痛，當然瞭解他可能無法到場參加比賽，因而沒有在賽前將他的名字登錄在正式名單上。但即使帶著悲傷的情緒，他在第二節的比賽開始沒有多久之後還是到了球場。這讓全場出現加

8 杜克大學和北卡羅來納大學間，或是紅雀隊和小熊隊之間的世仇對決，就像是紅襪隊 vs 洋基隊一樣，有著互不相讓的比賽氣氛、劍拔弩張的張力。

油鼓勵的歡呼聲！原本他的目的只是要幫他的隊友加油打氣，這也是他身爲隊長應該立下的榜樣；但令人驚訝的是：除了加油，身穿主場球衣的他還向教練提出希望能有上場機會的請求！

「在天上的媽媽會希望我打這場比賽。她臨終之前看我們的眼神像是在告訴我：不要因為我的離開而傷心欲絕，一切都會好好的。」

由於籃球規則中載明：「未經登錄的球員上場比賽，教練必須要承擔一次技術犯規，同時由對方罰球兩次。」所以，若是他要上場，就會讓對手德卡布高中有兩次執行技術犯規的罰球機會。爲此，羅爾曼教練向裁判表示他們不想要執行這兩次罰球；但是幾經商討，裁判礙於規則難以同意。

「上有政策，下有對策」這句話中外皆通。德卡布高中做了一件在籃球場上很難得一見的事情——在罰球線上幾乎是用滾的方式執行兩次罰球，完全沒有要進球的意思！主動請纓執行罰球的球員麥克尼爾（Darius McNeal）是全隊罰球命中率最佳的，他事後表示：「這是正確的做法。我相信我的每一位隊友都會這麼做，同時就算是換成對手麥狄遜高中的球員，他們也會採取同樣的做法。」

羅爾愛教練在罰球之前先把所有人叫到面前集合，當麥克尼爾自願站上罰球線時，教練還特別問了這一位準備罰球的選手：「你知道這兩球你是要準備失手的吧？」這一個畫面在兩次球都滾出了底線之後，除了讓人永遠難忘之外，全場的觀眾還有板凳上所有麥狄遜高中的球員爲這難能可貴的精神和風度用力鼓紅了手掌，歡呼聲響徹體育館！

富蘭克林的眼眶泛紅，在這個他最需要朋友和安慰的日子裡，他又多了十幾個朋友。從對方的舉動中他感到了一股超越勝負的精神支持！

比賽就在一片充滿運動家風度的氣氛下結束。雖然德卡布高中以四十七比六十二輸掉了比賽，但他們贏得了無可比擬的敬重。這是一種無形的收穫，人生之中寶貴的一課，遠比比賽結果來得重要多了。賽後，痛失至親的富蘭克林並沒有多做停留就離開了球場，也沒向執行罰球的麥克尼爾說上一句話。但是，麥克尼爾非常能瞭解對方的心情，因爲自己的父親在他兩歲時就走了，因此並不以爲意。

倒是麥迪遜高中的沃麥克教練有話想說。在這場特別的比賽結束之後，他主動投書給德布卡高中所在地的地方報紙《每日紀事報》；信中寫道：「**我完全被對方展現出的運動家精神和風度所打動！身為這個學校的一員，不管是學校校長或老師，甚至擴大到社區都應該感到非常驕傲。因為這所學校的教練團隊教給孩子的不僅是球技，更是告訴他們如何成為一個領導者。**」他還說：「我希望麥克尼爾不會因爲兩次罰球沒進被教練罰跑操場。」

人生當中要碰上的大小事情多如過江之鯽。對於球場上的輸贏，也許過了一段時間以後就有如過眼雲煙，沒有人會再憑著記憶提起。但是，超越勝敗人生態度的養成和培育，卻是一輩子難忘的事情！

常sir的Memo

德卡布高中創校於一九〇〇年初期，為一所公立高中。全校共有二十二支不同項目的體育代表隊。校隊名稱叫做倒鉤（Barbs），因為鐵絲網（Barbed Wire）就是在德卡布郡所發明的。

晚了半世紀的歉意

一九六八年墨西哥奧運會短跑選手史密斯 Tommie Smith、卡洛斯 John Carlos、諾曼 Peter Norman

「率先衝過終點的是代表美國參加本屆奧林匹克運動會的短跑好手：史密斯（Tommie Smith），接著是澳洲選手諾曼（Peter Norman），以及另外一位美國隊選手卡洛斯（John Carlos）……」電視中主播的聲音彷彿是自己剛剛完成登月的壯舉，興奮的高分貝音調經由擴音設備將這三位選手出色的成績告訴每一位守候在螢幕前的觀眾，三人分別在二百公尺短跑項目中以破世界記錄的一九．八三秒、二○．○六秒、和二○．一○秒拿下前三名。

一九六八年十月十六日的早上，環顧人聲鼎沸的奧林匹克運動場，正當所有選手都在相互慶祝彼此在奧運會上的成績之時，三位勇奪獎牌的飛毛腿眼光交錯，心中想的是：第一階段的目標已經達成，接著就是計畫中的第二步了。

一九六八年的奧運會在墨西哥的墨西哥市舉行。這是一個海拔高度二千二百四十公尺的高原城市；然而這座城市的地理高度並未完全反映人心的高度。

先從時光隧道中來瞭解一下當時的背景。

一九六〇年代，在美國出現民權運動。這個十年的主軸在於承接五〇年代為了有色人種爭取平權，打破黑白種族隔離與歧視的舊思維浪潮，以及開啓不同的管道繼續為了黑人爭取應有的平權。一九五七年奧林匹克人權組織成立於美國，在創辦人愛德華先生（Harry Edwards）的倡議之下，建構一個沒有種族隔離的國家（包括了美國和南非）是這個團體的主軸；另外他們也鼓吹拒絕參加任何歧視黑人的運動賽事，這也包括奧運。美國代表隊的黑人運動員原本計畫將全體杯葛墨西哥奧運，除非美國隊願意用更多黑人教練，和種族歧視以及反猶太主義只有一丘之貉的國際奧會主席布朗德基（Avery Brundage）下台，最後一個要求是要把南非和羅德西亞（現在的辛巴威）逐出奧運。

「我有一個夢！」（I have a dream!）

許多人都不只有一個夢想，民權運動領袖馬丁路德金恩博士（Martin Luther King Jr.）一席擄獲人心的演說獲得廣大的迴響和重視，而且是不分黑人與白人！事實上許多企圖改變社會結構，爲爭取弱勢爭取福利的運動，出發點的立意良善，成功卻鮮少一蹴可幾。墨西哥夏季奧運會舉行之前，金恩博士在四月遭到暗殺並身亡。遠在亞洲的越戰方興未艾，美國境內抗議行動一波接著一波；即便民權法案在一九六四年正式頒布，但三年多的時間過去了，黑人爭取平權的進展還是很有限。

就在十月的墨西哥奧運舉辦前，史密斯和卡羅斯也在奧林匹克人權組織的提議下同意，若能有機會站上頒獎台就會明確地用行動發聲，表達對於黑人運動員和全世界黑人應更受重視、不應再被岐視的訴求。而同一個月月初，也就是奧運會正式開幕前十天，由罷工團體和學生共同發起的抗爭運動，亦於「三種文化廣場」進行，訴求的是「我們不要奧運，我們要革命」。

這個對抗政府的主題，最終從和平開始，以死傷慘重結束，最終演變成了「特拉特洛爾科事件」（Tlatelolco massacre）。這次事件造成許多傷亡，也更激化、昇華史密斯和卡洛斯的想法：他們決定將站上頒獎台時的無聲抗議做爲「對於自由及人權的渴望」的訴求。

站上頒獎台的三位運動員，身上掛著每位運動員夢寐以求的奧運獎牌，耳中聽到再熟悉不過的美國國歌；然而在這麼榮耀的一刻，他們心中同時擔負著爲同胞發出不平之鳴，也爲他們不認識的人爭取人權的使命。其中兩位非裔美籍的飛毛腿分別舉起他們戴著黑色手套又緊握著拳頭的右手（金牌得主史密斯）和左手（銅牌得主卡洛斯），這是象徵「黑人權利」的動作，而不穿鞋只穿黑色襪子是爲了表示黑人的貧窮。

史密斯還另外圍上黑色圍巾代表黑人的尊嚴、卡洛斯的外套拉鍊沒有拉上，這是爲了象徵對藍領工人之間的敬意。另外在頸部戴著一串珠子表達哀痛的無聲悲鳴。因爲有許多黑人在殖民開墾初期被運送到美洲大陸，卻在三角貿易途中被毫不留情地拋下了船……「這些人不管是被殺害或是用刑，都沒有人爲他們祈禱。」他們在播放國歌時低著頭，表達自己對於在國內社會遭受壓迫的不滿。

美國奧運委員會主席多比（Larry Doby）在出發前往墨西哥市之前，已經用信件向國際奧會明白表示過：只要有任何一位參加奧運會的運動員以任何形式參與抗議行動，美國奧運委員會將立刻取消他的代表隊資格，並逕行遣返回國。但沒有一個緊箍咒能勸退，更不要說是嚇跑如鋼似鐵的堅定信念！

讓人想不到的是居然還有「第三者」！同一場賽事中，澳洲好手諾曼得利於奧運會史上第一次使用的人工跑道，在最後五十公尺用他犀利的後段加速，讓原本領先的卡洛斯大吃一驚，但除了看著他的後腦勺在稀薄的空氣中一閃就過之外，也無能為力！

銀牌選手諾曼在五十年前大概是全世界第五快的男人，他出生於墨爾本，在父母常常以身作則、加入公益活動的薰陶下，反對舊有的澳洲白澳政策；基於這個原因，他不但在賽前就對史密斯和卡洛斯的做法和理念表達了同理心，同時也以實際行動支持身邊的兩位盟友！三人的外套上都別著奧林匹克人權組織的徽章，諾曼的徽章還是特別向美國奧運代表隊的划船選手借來的，只因爲他不願在這個主張人人理應平權的重要時刻違背自己的理念，悖離自己從小堅信的眞理。如果他選擇置身事外、冷眼旁觀，那麼不就也同時表示他所相信的可能只是流於舉手按讚加上呼呼口號，把自己的臉洗得清潔溜溜？

由於卡洛斯匆忙間把自己的黑色手套落在奧運選手村，但在諾曼急中生智的提議下，史密斯和卡洛斯才把手套戴在不同的手上。這三人在頒獎台上，原本是運動員的最高成就，然而莊重的表情、無聲的方式和全場靜默、近乎凝結的空氣成了既疏離又有力的工具，傳達出對於重視人權和自由的訴求。爲了崇高的理想，小我的榮耀不過是枝微末節。

曾被歸類是奧運史上的醜聞，經由歷史的平反，才還原了在墨西哥市奧林匹克大學體育場眞實上演的動人畫面！超過八萬名的現場觀眾一時之間也不知道如何反應。然而國際奧會將其定義爲：「在不適當的場合提出的一種有意涵的政治訴求。」美國奧委會原本打算警告其他美國奧運代表團的所有成員不得再有類似的行爲，但國際奧會要求要有更嚴厲的處分，否則將無法取得殺雞儆猴的效果。

就在事件發生後隔天，國際奧會就連開了兩次會議，同時根據會議記錄：會議中認定必須對這個事件採取鐵腕行動。這也使得美國奧會也跟著重新召開會議，並且投票表決，爲了不讓美國隊在這件事之後喪失繼續參加奧運的資格，史密斯和卡洛斯必須立即打包回家！

回國之後的史密斯和卡洛斯被社會所唾棄，並被處以終生不得再參加奧運的處分。當然，幾乎所有的黑人團體和社區都感念他們犧牲個人榮譽，爲他們付出大我、爲黑人平權發聲而讚聲不斷！

至於澳洲選手諾曼的後續比起兩位美國選手來說，用「沒有最慘，只有更慘」的形容方式也不爲過。

回到南半球，他也遭到澳洲社會的無情撻伐。同時終其一生，這位澳洲最速男再也沒有代表國家在奧運會出賽的機會。二〇・〇六秒的成績就算是在四年之後的幕尼黑奧運，甚至是千禧年的澳洲雪梨奧運，都會成爲走上頒獎台帶走金牌的選手。這看似是一個徽章所引起的餘波，在他爲他所堅信的公理和正義付出的那七十秒樂聲淡出之後，就已經決定他的短跑生涯也一併結束了。

相對於澳洲官方單位三十二年間的漠視，當美國奧運代表團發現諾曼不會在雪梨奧運的各項活動出現時，馬上安排他從家鄉墨爾本飛往雪梨，以「貴賓」身分請他參加美國代表團的活動。即使是澳洲奧委會在受訪時聲稱他們並沒有忽略這位在澳洲運動史上絕無僅有的短跑高手，或在雪梨奧運刻意不安排他擔任任何具有重要性的角色，但是事實上就是會和說辭南轅北轍。

唯一一個讓澳洲人民體會到諾曼爲了保障人權所付出的代價，並對他另眼相看起立致敬的轉捩點，竟然是在他過世後於澳洲各大影城放映的一部名爲《致敬！》的電影！諾曼的姪子馬修在二〇〇八年以重現當年和訪談的方式推出這部由他導演的電影，它給了澳洲，以及許多第一次認識並瞭解這個人權史實的觀影大眾一個省視自己，甚至是反省自己，在過去四十年間「該用什麼態度面對這位偉大人權運動員」的機會。

然而，諾曼永遠不知道自己在澳洲的歷史上已經「由黑翻白」了，因爲他在二〇〇六年因心臟病辭世。過世之後，史密斯和卡洛斯特別來到南半球致敬，也表達深沉的哀悼並擔任他的扶棺人。美國田徑協會追認十月九日這一天爲「彼得．諾曼日」，這是美國田徑史上第一次把這份榮耀歸於非美藉運動員。

史密斯在二〇〇八年時說過：「**我必須要在能被看見時表達自己，因為我們一直都被迫噤聲。**」

沒有發聲權的人就像是少了爪子的老虎，被剝奪的不只是牠覓食力求溫飽時需要的武器，也是遭逢暴力和困境時爲自己辯護的權利；如今不僅是美國田徑名人堂的史密斯和卡洛斯，更在二〇一六年和美國奧運代表團一起獲得當時的美國總統歐巴馬接見。

現在我們也有機會和兩位美國短跑名將一起站在頒獎台上爲了「人人生而平權」，以及「爭取應有的自由」而付出。如果你有機會去美國加州，不管是旅遊路線或是深造，不妨到聖荷西州立大學（San Jose State University）一遊，在校園中有一座校方委託里弋23（Rigo23）這位藝術家製作的雕像。這個以玻璃纖維製作的作品高二十二英呎，但三位主角中只有兩位校友接受表揚——金牌得主史密斯和銅牌得主卡洛斯。原因是，諾曼建議把他的位置空出來，讓來欣賞這一座富有紀念意義的作品的人們有機會站在他的位置上，如此也更能體會和他一樣堅定為人權付出的感受。

這也許是以非體制的方式，在以更高、更快、更遠為目標的體育聖殿上，傳達對於人類社會上公平公義的反噬，表達的不是出於個人利益，也非特立獨行，更不是無理的挑釁。

歷史雖然還給這三位民權鬥士一個公道，兩位美國選手也在二〇一九年進入美國奧運名人堂。然而在過去五十年中所積累的一切，在心理上的和運動生涯中遭遇的對待，都不是用一句讚美的話、一部電影和許許多多的表揚能夠完全彌補的。三位運動員當面對自身榮耀和改變未來的抉擇時刻所表現出的堅持、奉獻與勇氣，更是他們早就教導給我們的重要課程。

常sir的Memo

史密斯（Tommie Smith）在一九六六年是世界上第一位在非直線的跑道上將二百公尺短跑跑進二十秒內的短跑好手。到了一九六八年奧運會他再以十九．八三秒的成績改寫二百公尺短跑的世界記錄。

卡洛斯（John Carlos）是一九六七年泛美運動會二百公尺短跑金牌得主。接下來在一九六八年奧運拿了二百公尺短跑項目的銅牌。同一年，他也將自己的百公尺成績推進到十秒整。

諾曼（Peter Norman）一九六八年奧運會的二百公尺預賽，他先以二○．一七秒刷新奧運會記錄，不過隔天就被史密斯的一九．八三秒立刻刷新。最後諾曼在二百公尺決賽跑出二○．○六秒的個人最佳成績拿下銀牌。在此之前，諾曼是澳洲田徑錦標賽二百公尺短跑的三連霸冠軍得主。

PART 3

相信自己才會贏

這是成功之前的「開場白」！

Brent Barry

Don James Larsen

Aaron Boone

Charlie Montoyo

Helle Nice

Hetal Dave

Michael Edwards

Abebe Bikila

一家會飛的人
美國籃球名人堂的貝瑞傳奇 Brent Barry

二〇二〇年NBA一年一度的明星賽，堪稱周末大拜拜的灌籃大賽剛落幕，就引起了不小的討論聲量，關鍵人物是又當了一次「最強亞軍」的高登（Aaron Gordon）[9]。這讓我聯想到，在灌籃大賽史上曾經有過一位，也只有這一位，穿著熱身裝備就可以拿下冠軍的人物——布蘭特・貝瑞（Brent Barry）。記得他當年穿著紅色外套在空中飄逸的身影，好像汗還沒流下來比賽就已經結束了，冠軍獎盃根本手到擒來。

如果提起這位冠軍而不說說他的家人，怕還眞對不起這一個有籃球基因的家庭。他老爸瑞克（Rick）是美國籃球名人堂球員，父親在美國東岸的紐澤西州擔任籃球教練，瑞克的四位兒子史庫特（Scooter）、瓊（Jon Barry）、布蘭特和德魯

（Drew）也全都是職業籃球選手。即便是他和第三位老婆所生的兒子肯揚（Canyon Barry）也還是名籃球選手！

這個基因是不是太強大了！

肯揚．貝瑞的媽媽琳．貝瑞（Lynn Barry）是瑞克的第三任老婆，身高一七三公分，同時也是一位籃球選手。她曾經在中國的湖南金健米業出賽過一個球季，大學時期在美國NCAA第一級學府威廉瑪麗大學打過四年籃球，專職後衛被公認是這所學校校史上最有天分的籃球運動員。她也曾在肯塔基大學任職籃球隊的助理教練。有了這麼好的家庭基因，肯揚球打得好似乎也是剛好而已。

身高有近二百公分的肯揚，先是就讀大四那年轉學到名校佛羅里達大學。雖然退居到板凳球員，然而就數據表現來看依舊很有水準——垂直起跳可以超過一

9 目前效力於美國職籃的奧蘭多魔術隊，身高二〇三公分，在高中時期就展現了天賦異稟的籃球身手。二〇一六年參加NBA的灌籃大賽，經過兩度延長賽才屈居亞軍。二〇二〇年他再度報名參賽，又以些微差距落敗成爲最強亞軍。

公尺，目前為明尼蘇達灰狼隊的子球隊愛荷華狼隊效力。期盼自己的努力能有升上NBA的一天！

瓊和布蘭特是這一家人之中名氣僅次於父親的兩位籃球癡漢。兩人都在職業籃壇征戰十年以上，正式向球員生涯說再見之後，又轉戰主播台擔任球評。瓊的身高有一九三公分，現年五十歲，大學時他拿的是喬治亞理工學院的籃球獎學金。一九九二年參加NBA選秀，在第一輪被波士頓塞爾提克隊選中，三年之後，小他兩歲的弟弟布蘭特也加入美國職業籃球的選秀會，又在首輪被洛杉磯快艇隊選走！

一家人有兩位在選秀會第一輪進入職業籃球的高材生也實在是絕無僅有！布蘭特除了身高超過兩百公分贏其他兄弟之外，還有兩項讓他們眼紅的記錄——在馬刺隊時期拿到兩枚NBA冠軍戒指，以及在一九九六年的灌籃大賽上穿著快艇隊熱身外套露了一手從罰球線起跳的本領，破天荒地成為自從灌籃大賽開灌以來的第一位白人冠軍選手！

是誰說「白人不會跳」的!?布蘭特就在高中及大學時期都拿下過灌籃大賽冠

軍，他可以算是「經驗豐富」了！然而，很少人知道就在他參加比賽當天，他先看了NCAA（National Collegiate Athletic Association美國大學運動總會）大學男子籃球錦標賽的現場直播，幫小弟德魯就讀的喬治亞理工學院（George Tech）加油打氣。這一天，德魯的學校遭遇同聯盟的強敵北卡羅萊納大學（North Carolina，籃球之神喬丹的母校），結果，這一場鏖戰到延長賽才分出勝負的戰役由喬治亞理工學院獲勝，而且德魯飆進九個三分球，攻下了生涯單場得分新高的三十分，協助校隊拿下艱苦而重要的一勝！也讓喬治亞理工學院在兩所學校的交手對戰史上，終於達成同一季交手全勝的歷史記錄！

最年長的大哥史庫特是幾位兄弟之中身高最不起眼的（一九一公分），但是他所累積的飛行里程大概是全家最多的！史庫特的職業籃球護照上蓋的出入境戳章遍及大半個歐洲：德國、西班牙、義大利、法國、比利時和澳洲，再加上美國本土的大小聯盟。年幼的小弟德魯除了是喬治亞理工學院校史上的助攻王之外，也在美國職籃球效力了五個球季，待過四支不同的球隊。

最後再回頭介紹他們家的傳奇老爸！

用「傳奇」這樣的形容詞來介紹他一點也不爲過。身高二〇一公分的瑞克是美國籃球史上唯一一位曾經在NCAA、ABA（American Basketball Association，和現今的NBA不同的職業聯盟，後來和NBA合併）和NBA都拿下單季得分王殊榮的選手，是唯一，不是之一！同時他也是低手罰球天王，這一種非傳統的罰球方式，在他的巧妙運用下非常有效率，當他在一九八〇年高掛球鞋宣布退休時，他的罰球生涯的命中率已高達九成。在當年，這可是NBA史上罰球命中率的最佳記錄！

這位最強老爸在一九六五年從邁阿密大學畢業，當年他以NCAA得分王的搶眼表現參加NBA選秀。舊金山勇士隊在第一輪就選走這位後來被公認是「職業籃球場上最出色的純小前鋒」的老貝瑞。而他也沒讓球團、球迷和球評失望，菜鳥球季就拿下新人王，獲選進入明星賽，而且每一場比賽平均得分都超過二十五分！

然而，就像美國職棒史上的打擊之神威廉姆斯（Ted Williams）一樣，大部分某些天生好手的脾氣都不太好，這可能是因爲他們的鬥志也異於常人。老貝瑞的隊友曾經說過：如果他在聯合國工作，可能他會倡議乾脆來一個世界大戰來決定各國強弱！而且他自己也不否認他就是不太會和別人相處的壞脾氣先生。一九八七年，他進入美國籃球名人堂；一九九六年當ＮＢＡ慶祝五十週年紀念時，他獲選爲ＮＢＡ史上的五十大球星！

多年以後，在二〇一七年一月的一場比賽之中，轉學到佛羅里達大學大四的肯揚，用他父親的招牌低手罰球動作在場中執行罰球。也等於是宣告「貝瑞傳奇」不但不會在他手上成爲絕響，這個強大的家族籃球血統還很有機會繼續傳承下去！

常sir的Memo

瑞克貝瑞說過：「成功是結合專注力和聚焦得到的成果。在我當教練的時候，我會告訴我的球員：我知道在場上你們每一個人都積極努力打球，然而那還不夠，你必須要在整場比賽中都專注在每一個當下。」

（Success in anything is about focus and concentration. When I coached, I'd say to the players, Yes, I know you played hard, but that's not good enough. You've got to stay focused on the task at hand the entire game.）

二十三分之一的偉大

洋基隊唐・詹姆士・拉森 Don James Larsen

「把球給我吧！唐老大，今天你的狀況不太好。」

紐約洋基隊的總教練史坦吉爾（Casey Stengel）看著悻悻然的投手唐・詹姆士・拉森（Don James Larsen）面無表情地說著，同時用手拍拍他的肩膀——那是一個習慣動作，幾乎是不太帶有感情的一個小動作，用來鼓勵投手，也似乎是在告訴全場球迷：這個投手盡力了！

一九五六年世界大賽的第二戰，先發投手拉森只投了兩局，被對手布魯克林道奇隊打出一支安打，卻因爲送出四次保送而被換下場休息；唸唸有詞的拉森走下投手丘，不平靜的情緒拖慢了他的腳步，此時，洋基隊在這時候六比一領先。

退場之後，這位投手的手臂是休息了，但是他的腦袋可沒有。賽後，一群體育記者圍住他想挖點新聞；而拉森也沒讓大家回去無稿可交。他說：「昨天晚上是我最後一次當乖寶寶早早上床睡覺！在投手丘上快把我的手投斷了，爲的是什麼？他（總教練）根本就沒有必要把我換下去。以後我也不在乎洋基隊或是總教練還要不要我上場投球了，從現在起我要再次開始享受生活！」

拉森的大聯盟生涯一共十四年，感覺不算短；在七支不同的球隊出賽過，感覺也不算太少。如果不是一個人數眾多的交易讓他來到紐約洋基隊，棒球史冊上很有可能會少了好幾頁歷史。幾天過後，這位有著招風大耳、手長及膝，帶著酒氣上場的拉森就投出了美國職棒大聯盟一百五十年歷史上僅有的二十三場完全比賽中的其中一場，而且是唯一一次出現在世界大賽的完全比賽！

這樣的一位選手，在棒球歷史的洪流之中，用不起眼的過去，綻放著最耀眼的極光！

一九二九年，唐．詹姆士．拉森出生在五大湖畔的密西根市。父親移民自挪威，曾經是位製錶師傅；母親則是餐廳服務生。拉森是家中唯一的男孩，四歲時因爲父親的關係第一次接觸棒球。雖然父親鼓勵他朝向職棒選手努力，但他卻展露了他的籃球天賦，在中學一年級就進入校隊。

直到一九四四年，拉森和家人搬到溫暖的聖地牙哥，一切才有了改變。

他在一九四七年簽下棒球生涯第一張棒球合約，簽約金八百五十元美金（現值約九千七百元美金）。你可能會問：對籃球比較有興趣的他，怎麼會簽下棒球合約呢？背後的原因原來和他不愛念書有關。

在轉學之後，拉森成爲當地高中的籃、棒球雙棲明星球員，同時也是所屬聯盟的籃球明星隊。由於好幾所不同的大學都願意提供他籃球獎學金，希望可以吸引他註冊入學，偏偏拉森對於念書的興趣缺缺。他曾經說過：「我不太愛念書，更不想把我的生命花在念一輩子書上。」這一張合約是拉森在美國業餘棒球隊擔任投手時，被聖路易布朗隊的球探發現而簽下的。

從一九四七年簽約成爲職業選手到一九五〇年這段期間，拉森待在小聯盟磨練球技。一九五一年，他收到兵役通知，進入美國陸軍服役並參與韓戰，雖然不用舞刀用槍，但是棒球生涯也算是被耽誤了。到了一九五三年除役後，他回到布朗隊，經過春訓即獲得升上大聯盟的機會！拉森形容自己的興奮之情就像「在春天過聖誕節」，而這個讓所有大聯盟選手終生難忘的日子是一九五三年四月十八日。

從古到今，美國職棒大聯盟就是妖魔鬼怪的聚集地；拿著球棒的都想要打爆你，手中有球的就想用它K掉你！一九五四年，布朗隊由聖路易搬遷到美國東岸的巴爾的摩成爲金鶯隊；而換了環境的拉森似乎得到「二年症[10]」；在這一年他一共只拿下三勝，吞下全聯盟最多的二十一敗。但幸運的是，其中有兩勝是面對洋基隊拿下來的，當時的洋基隊總教練史坦吉爾對於這兩場敗仗的印象非常深刻，這也成爲後來他在同年的十一月，在一宗牽涉到十七位選手的超大交易中被交易到洋基的主因。世事眞的是妙不可言！一個三勝二十一敗的球季成績眞是爛到不行，誰能想到同一個投手居然還能在兩年之後在棒球史上締造不朽的偉大記錄!?

10 所謂的二年症，是指在菜鳥年表現優異的選手，進入了第二年卻在沒有特別原因的情況下開始走下坡的一種形容說法。

接著，我們把時間快轉到一九五六年，紐約洋基隊和布魯克林道奇隊在世界大賽前四戰打成各二勝二敗平手，其中二勝是由地主球隊把勝利留在家裡；由拉森先發的第二戰，洋基最後是以八比十三輸給對手。當年是道奇隊第九次打進MLB的世界大賽，而前一年道奇隊才剛剛打敗洋基拿到隊史上首座世界冠軍。

這一支道奇隊一共有四位未來的名人堂球星！分別是羅賓森（Jackie Robinson）、瑞斯（Pee Wee Reese）、坎佩內拉（Roy Campanella）以及史奈德（Duke Snider）（不是總教練喔）。然而洋基隊也絕對不是素食主義球隊！連著四年拿下美聯冠軍的氣勢不輸給道奇，更別忘了前一年才剛剛打滿七場比賽分出高下！到了極具重要性的第五戰，所有焦點聚集在洋基球場（Yankees Stadium），拉森竟帶著酒意到了球場。更意外的是，教練把一個棒球放在他的釘鞋上方——這是當年總教練通知先發投手的方式。

另一件鮮為人知的事是，當時在他的更衣櫥櫃裡正躺著一張紐約法院的通知單，內容是拉森已經積欠妻子和一歲多的女兒七週的贍養費了！據名人堂球星米奇·曼托（Mickey Charles Mantle）的說法，拉森是他一生之中所遇見過酒量最好的男人。我只能說他真的沒有讓人失望！就在第五戰開打的前一天晚上，他和紐約《每日鏡報》的記者一起小喝了幾杯；在返回住處的計程車上，拉森告訴記者說：「等著瞧，明天我會給這些道奇隊打者好看！說不定我會投一場無安打比賽！」

隨著比賽的進行，這個預言在星期一灑滿陽光的午後實現的可能性愈來愈高。值得一提的是，洋基隊有不少未來的名人堂球星參與這一場史上唯一的一場世界大賽完全比賽。其中捕手貝拉（Yogi Berra）的配球讓拉森投出七次三振，外野手曼托也用全壘打打下了雙方的第一分，可以說是這場比賽最關鍵的人物！大約在第五局時，在休息區吞雲吐霧的拉森告訴曼托：「你看到計分板了沒？對方還沒有人上壘過！」兩位先發投手互不相讓，道奇隊的馬格里（Sal Maglie）也和拉森一樣完投八局，被打出五支安打，其中包括了曼托在第四局的陽春全壘打，這也是這一場二比

○完全比賽的勝利打點。最後道奇全隊只能向拉森脫帽致敬！

那場比賽拉森一共投出七次三振，包括第九局上半最後三振對方的代打選手米

契爾（Dale Mitchell）結束比賽！捕手貝拉興奮地衝上投手丘，那奮力一跳抱住拉森的畫面成爲不朽！

一九五六年世界大賽最有價值球員拉森，在那次比賽多年後說過：「**當時我知道這場完全比賽很重要，但我沒想到經過了這麼多年，它的重要性與日俱增。如果一個人在世的時候做過一件會被大家記得的事，那這場締造歷史記錄的比賽，應該是大家記得的好事。**」從古至今，有太多選手曾留下讓人嘖嘖稱奇的豐功偉業，可是和難能可貴的記錄失之交臂；當然也有像拉森這樣的選手，個人成績平凡的很，但在某一個屬於他的日子，散發出前所未有的耀眼光芒，用最平凡的過去在歷史上爲自己做了最不平凡的註解！

常sir的Memo

拉森在美國職棒大聯盟留下的單季最佳表現也正好是在一九五六年。當年他繳出了十一勝五敗，投手自責分率三・二六的成績單。主投了一百七十九又三分之二局的拉森送給對手一〇七次三振（此為他投出三振次數最多的一季），但是也有九十六次保送（也是個人單季最多保送記錄）。

爺爺爸爸眞偉大

洋基隊現任總教練艾倫．布恩 Aaron Boone

「走，我們到學校操場去玩接棒球！」

「耶！」

這通常是興致勃勃的爸爸和活潑好動的兒子之間的日常對話。

三代同堂是許多人提到天倫之樂時的理想畫面，那如果三代都打棒球，還眞的是太陽底下的新鮮事了。在美國職棒大聯盟的百年歷史上，一共出現過五個家族是三代同堂——祖父、父親和兒子都一起進入大聯盟；這項記錄在這個競爭激烈、出頭困難的棒球最高殿堂中實屬難得！更難能可貴的是，三個家族中的第三代都是兩兄弟一起在球場上征戰，可見他們的DNA有多強大！

在這三個棒球選手家族裡，我挑了布恩一家人（Boone Family）做介紹，原因很簡單，因爲這一家子人的成績是最出色的！

在談到大家都熟悉的紐約洋基隊現任總教練艾倫・布恩（Aaron Boone）之前，我想爲大家介紹這個家庭的重心人物——無怨無悔的媽媽蘇・布恩（Sue Boone）。她從看著公公瑞（Ray Boone）打球，陪老公鮑伯（Bob Boone）東奔西跑，再帶著兩個「給我棒球，其他先不要」的兒子。甚至，人生到七十還發現自己有機會能陪孫子進球場。

從在大聯盟闖蕩了十三個球季的祖父瑞開始，如果我說布恩一家人流著棒球的血液、腦袋瓜裡裝的除棒球外沒別的，應該也不算是太過分的形容。他出生於加州，高中時念的是賀伯胡佛高中，在他註冊進入這個學校之前，最有名氣的棒球校友是大名鼎鼎的打擊之神——泰德・威廉斯（Ted Williams）。

他太太是高中的同校同學，也是水上芭蕾的女子好手。兩人共有三位子女，鮑伯就是家中的大兒子。一九四八年，瑞於二戰期間在海軍服役，退伍後被印地安人隊叫上了大聯盟。乖乖不得了，這就拿到了這個家族的大聯盟之鑰！

印地安人隊勇奪四八年的世界冠軍，那一年僅有六場出賽記錄的瑞也拿到了分紅獎金和冠軍戒指。可惜的是，即便印地安人隊在二〇一七年打下了美國聯盟最長的連勝記錄（二十二連勝），卻再也沒拿到世界冠軍了。瑞在MLB一共為六支隊伍效力過，出賽了一千三百七十三場比賽。兩度入選明星賽，而且是一九五五年的美聯打點王。

父親鮑伯（Bob Boone）是個很傑出的捕手，除了拿到過七次金手套獎之外，也是這一家人中第二位拿過美國職棒世界冠軍、手指上有冠軍戒指的人。在一九六九年的選秀會上，費城人隊用第六輪的選秀權選中這位出色的捕手，由他和球隊的投手群搭配，讓球隊連拿三年的分區冠軍，同時在一九八〇年一舉攻頂奪冠。

這個世界冠軍對成軍於一八八三年的費城人隊有重大的意義：因爲它是隊史上空前的首冠！接下來，費城人隊又在相隔二十八年後，有了四本柱（四位強力先發投手）的加持下再度奪冠成功！這位全家唯一的捕手不但完成承先的使命，還負責啓後的任務，絲毫沒有怠慢。他在一九八四年和加州天使隊的投手惠特（Mike

Witt）是完美組合，在他的巧妙配球策略下，惠特投出大聯盟一百五十年歷史上的第十一場完全比賽！鮑伯在MLB一蹲就是十九年，同時也是布恩家族中第一位當上大聯盟總教練的人物。他曾帶領過的球隊有堪薩斯皇家隊（一九九五～一九九七）和辛辛那提紅人隊（二〇〇一～二〇〇三）。

就在鮑伯被費城人隊選中的那一年，家中的老大，也是哥哥布瑞特（Bret Boone）呱呱墜地了。布瑞特出生於聖地牙哥，小時候就和捕手老爸一起到球場，爸爸上場蹲捕，他就和其他把拔的小朋友們一起玩。布瑞特的身材不算起眼，但卻有泰山的力量。大學三年級時，水手隊在第五輪挑中了他，於是他選擇輟學打球。許多球迷都記得他在二〇〇一年於西雅圖水手隊擔任先發二壘手時，球隊神奇地在整季拿下一百一十六勝，他也是鈴木一朗的隊友之一。他不僅打下三十七支全壘打，改寫了隊史上二壘手的全壘打記錄，同時貢獻了一百四十一分打點（也不看看開路先鋒的第一棒就是剛從日本來到美國的一朗）！那個球季他的各項表現是個人在球員生涯中最璀燦的一年，也使得他順利地再次入選明星賽，拿下該季的「金包銀」

（金手套和銀棒獎）外加打點王。

但這一年，才剛剛從太平洋的左邊飛到右邊的一朗拿下美國聯盟的新人王和MVP，硬是把得票分數第三高的隊友布瑞特比下去。比較可惜的是布瑞特在二〇〇五年就高掛球鞋，選擇退休。

最後，隆重壓軸登場的是一位在小時候看著家中電視，一人分飾多角的小艾倫（Aaron Boone）。不到十歲的年紀，很忙碌又很熟練地利用客廳兩側的沙發充當球員休息區，自己就擔任兩隊的最高指揮官／投手／打者，貌似把努力成爲棒球總教練當成天職。如今，可以高唱「爺爺爸爸眞偉大」的主角就是現任紐約洋基隊的總教練艾倫．布恩。在他接掌紐約洋基隊的兵符之前，對於這位總教練我曾有兩個鮮明的印象：

第一次，當然是他成爲美國職棒季後賽史上的英雄！那是在二〇〇三年，也是他生涯中第一也是唯一一次成爲明星球員的一年。在戲劇性破表的美國聯盟冠軍賽第七戰，比賽進入延長到了第十一局時，他當時效力於紐約洋基隊，從死對頭紅襪隊的蝴蝶球投手威克菲德（Tim Wakefield）手中打出再見全壘打，一棒把洋基隊送進了世界大賽！直到現在，這一支全壘打仍舊是MLB史上季後賽的一個重要經典畫面！

第二次對他的印象就更深刻了——因爲他就在我身邊。二〇〇七年，球評曾文誠先生和我一起到美國現場轉播大聯盟世界大賽，我們就在紅襪隊的大本營芬威球場看到了這位當時還是馬林魚隊選手的他；就在彼此擦身而過，點頭寒喧的那一秒鐘，他笑容滿面但個頭沒有我想像的那麼高，然而親和力十足（合理懷疑在成爲洋基總教練之後，親和力可能會少一點……），是位笑容可掬的大聯盟選手！

現在這一家人的情緒可能往往會隨著洋基隊的戰績起伏波動，就像是普通的洋基迷家庭。然而，我眼中的布恩棒球選手產房所製造的爺爺、爸爸和孫子都曾在美國職棒大聯盟明星賽出賽，這恐怕沒有其一，只有唯一了。不僅如此，已經當上祖母的蘇一共有九個孫子，其中有五位如今仍穿著釘鞋在紅土上一次又一次揮動手中的球棒！

尤其是正在普林斯敦大學校隊的傑克（Jake Boone），未來可能會成為這個家族中第四代登上大聯盟舞台的選手。

常sir的Memo

布恩一家人的祖先，也是在美國歷史上享有盛名的探險家丹尼爾·布恩（Daniel Boone）曾說過：「我看到這個世界更加美好，然而我只不過是個世界上的普通人。」當時，他不可能會意料到時光驛動了百年之後，他的後代子嗣會在美國人民最鍾愛的棒球歷史上如此大放光芒，讓球迷津津樂道。

這位生涯打擊率四成的選手

多倫多藍鳥隊總教練蒙托亞 Charlie Montoyo

今天故事的主角是現任多倫多藍鳥隊總教練蒙托亞（Charlie Montoyo），他來自波多黎各，也是藍鳥隊隊史上第十三位總教練。鮮少有人知道他在小聯盟雖不是以選手身分在小聯盟打拚，卻一待就是十八年。事實上，他是位實實在在生涯打擊率四成的打者，同時也在第一次上場打擊就打出大聯盟生涯中第一支安打、第一分打點——還是一鳴驚人的勝利打點！

十八年，對任何一個人來說都不是一段短時間。這六千五百七十個日子代表蒙托亞在坦帕灣魔鬼魚和坦帕灣光芒隊（同一支球隊的新舊隊名）在小聯盟體系的耕耘時間。他默默地在每個不同的農場層級（Farm System，也是美國職棒對於球隊小聯盟球隊的統稱之一）擔任教練，積累經驗和能量。二〇一四年十二月，這一位前蒙特婁博覽會隊的內野手終於來到大聯盟擔任光芒隊的教練一職。

「等得久就是你的」，但在蒙托亞的生命中，要等的還不只是棒球。

蒙托亞出生於波多黎各，從小就在父親帶領下接觸棒球運動。頗有天分的他在得到貴人相助後到了美國的聖荷西（San Jose）。雖然英文對他來說是外星語言，他不但克服語言上的困境，還拚上大聯盟。生涯中第一次上場打擊就是在成王敗寇的關鍵局面代打，但他穩定住情緒，不負眾望地打出帶有勝利打點的安打！只可惜，這並非是童話故事裡的幸運開端，因爲他的大聯盟生涯也不過就多打了三場比賽，再打出一支安打之後，球員生涯就畫上句點。

蒙托亞和太太莎蔓莎在魔鬼魚隊（Devil Rays）的小聯盟1A球隊[11]剛認識的時候，男方是球隊總教練、女方是球隊的行銷公關，兩人相識一年後才擦出火花。就在蒙托亞四十二歲生日當天，兩人的第二個小孩艾利克斯（Alex）出生了。沒想到新生兒一出生就罹患先天性心臟病——亞伯斯坦氏異常（Ebstein's Anomaly）。

這是一種罕見疾病，發生在小朋友身上的機率大約是兩萬分之一，艾利克斯的症狀發生在右半邊的三尖瓣位置不正常。蒙托亞當時是光芒隊的3A球隊公牛隊（Durham Bulls）總教練，所幸他的球季剛剛結束，可以全程陪伴剛剛生產完四個小時的太太、一起看著家中的新成員艾利克斯被護送上醫療專機，夫妻倆前往亞利桑那州的鳳凰城等待孩子接受進一步檢查，同時陪著他動第一次心臟手術。這對夫妻當時憂心與心疼的感受和迎接新生命的欣喜互相衝擊。經過一個月的住院治療後，醫師判斷小艾利克斯必須要接受心臟移植，且得到大城市去動這一項繁瑣、困難的手術。於是，這一家人只好再搭乘醫療專機飛往洛杉磯，準備盡所有的努力救治他們的小孩。

爲了健康的心臟，艾利克斯一共動了三次手術才完全戰勝這個病魔。最後一次他已經五歲了（艾利克斯出生於二〇〇七年十月十七日）。同時，由於他的病灶是

11 幾乎每一支大聯盟母隊都會有各自的小聯盟子隊。簡單地說：這一些子隊依照實力分級，讓選手依照自身的能力向上努力爬升。從菜鳥層級到1A，2A。到了3A，也就是實力最接近大聯盟的一個級別，通常也就是很有機會被叫上大聯盟，準備正式成爲一位大聯盟選手的時候了。

曾經罹患過此疾病、且健康長大的孩童中最嚴重的一群，所以醫生將他右半邊的心臟功能完全阻隔，讓他的心臟只有半邊可以正常工作，之後再用醫學方法完成血液循環所需要的路徑，才讓這位小朋友存活下來。

經過這麼多繁複的手術治療和心臟移植，加上最重要的療程都必須得在洛杉磯完成，蒙托亞一家必須另外在洛城租屋也加重了負擔。可以想見堆積如山、數字驚人的帳單應該已超過五十萬美金。幸好，包括不同的小聯盟球隊在內，都以募款的方式提供這位總教練一家人適時的幫助，舒緩經濟上的壓力和負擔。

而蒙托亞最困難的是，醫生特別叮囑艾力克斯有兩年不能搭飛機，而小聯盟球隊每個月的休假有限，甚至只有一天休假，所以蒙托亞得在二十四小時內克服時差，和老婆小孩共度僅有的時間後再回到球隊帶隊比賽。他礙於工作必須在佛羅里達帶球隊，而家人卻在亞歷桑那和洛杉磯之間來回奔波。在沒有太多睡眠和休息的時間之下，他度過了月復一月的考驗直到球季結束，幾乎沒有怨言。

另外，這對夫妻的大兒子泰森（Tyson）——這位年紀比艾力克斯大五歲的哥哥——在弟弟罹患罕見疾病的情況下迅速成長。這人人都只有一次的童年對泰森而言，是必須直接跳過成爲父母最佳小幫手的學習時間。而且這一堂課沒有老師、沒有同學，也無法在短時間內領到畢業證書。媽媽莎蔓莎提到這段過程時說：「我看著我的大兒子轉眼間從五歲的哥哥變成三十歲的大人。」

艾利克斯出生後，因爲他的先天性疾病間接造成有輕微的腦性麻痺，聲帶神經也受到影響，另外也由於出生後即靠餵食管進食、用呼吸輔助系統呼吸的關係，他不但在八個月之後才首次開口出聲，並且對於任何靠近嘴巴的東西都有莫名的恐懼。這些一般孩童所無法想像的成長和醫療過程，使得照顧他的家人每天都擔驚受怕。

身兼兩職的爸爸、悉心照護的媽媽，充滿友愛的哥哥組合成了強力鐵三角，也讓艾力克斯即使備受折磨仍帶著笑容慢慢長大。如今，健康的兩兄弟對於棒球的愛不比蒙托亞少，更重要的是他們的手足之情更讓父母親寬慰。

在我看來，他不只是一位在棒球生涯中五個打數打出兩支安打的四成打擊率打者。他更是一位百分百的父親、令人敬佩的選手，讓人想為他賣命的教練！我眼中的蒙托亞簡直可以用那一句廣告用語——「追求完美、近乎苛求」來形容了。

常sir的Memo

蒙托亞總教練曾說過：「在經歷過小兒子的一切之後，我覺得帶球隊輕鬆多了！」在我所知道的棒球故事中，可能沒有像他那樣同時對棒球堅持也對家庭付出的人。跟可以拿出來說嘴的高打擊率相比，這更讓我由衷感佩！

賽車是男性專利嗎？

法國賽車選手妮斯 Helle Nice

提起了賽車……，很多人會直覺地認為這項在競爭車速、離合器和排檔之間的遊戲比較偏向陽剛的男性（就連電玩可能也是男性玩家占大多數）。但對於熟悉體育圈的運動迷來說則不見得會贊同，並同時聯想到美國賽車場上的甜心——派翠克（Danica Patrick）[12]，這一位由印地賽車（Indy Car Racing）開始、現在則已經進軍民用賽車（Nascar）的好手。

許多打破成規，或者說是「突破盲腸」的事都需要一位先驅者，這在以男性為主的運動上也不例外。那麼究竟賽車史上第一位勇於衝破界線、一舉成功進入極速

12 派翠克在二〇〇八年於日本印地三百拿下冠軍，是美國印地賽車系列賽發展至今，史上唯一一位拿過分站冠軍的女性車手。

世界的是哪一位英雌呢？

她是出生於法國巴黎郊區的賽車手妮斯（Helle Nice），本名為瑪莉耶・荷蓮・迪蘭格爾（Mariette Helene Delangle）。

這位首次在全女子大獎賽（Grand Prix）打敗所有人的車手出生在一九〇〇年。早在她只有三歲時，巴黎到馬德里大賽的賽道就途經她出生的小村莊，在她眼前呼嘯而過的賽車都是在未來大名鼎鼎的汽車工業巨擘——如勞斯萊斯汽車的查爾斯・勞斯（Charles Stewart Rolls）、法國雷諾汽車的創辦人雙胞胎兄弟馬塞爾（Marcel Renault）和路易（Louis Renault），以及義大利蘭吉雅汽車的創業家文錢佐・蘭吉雅（Vincenzo Lancia）等人所駕駛的。

還不滿二十歲的妮絲來到五光十色的花都巴黎，她先是成為人體模特兒，同時開始使用「妮斯」這個藝名。到了一九二七年，她苦學成為芭蕾舞者後，在大型的舞蹈表演中名利雙收；也正式在她最好的朋友，同時也是一位法國籍的利曼耐力賽車好手庫瑟耶（Henri de Courcelles）的帶領下，妮斯開始認識賽車世界，當時正是賽車運動在歐洲大陸開始發展的初期。

一九二一年，當她正式向英國申請加入這個以速度分出高下的競爭場域時，卻因爲性別關係而遭到否決時，妮斯大爲光火！爲了彌補她對速度的渴求和內心因爲無法好好地以車手身分在賽道上和其他選手一較高下的遺憾，她只好以滑雪這一個在速度上也極度要求的運動填滿心中的空虛。那是一種遭到不公平的對待與性別不平等所刻劃出的缺口。

她就像是個雙面嬌娃，月亮出現的時候，她在舞台上以優雅的舞姿聚集眼球的焦點；等到了太陽上升之後，在她的心中，目標就是對於速度的追求和提升。這一切在一九二七年到達藝術表演的高峰，但也在兩年後瞬間化爲烏有！

正當她享受高速滑雪爲她帶來快感的同時，耳中聽到身後雪崩的聲音；爲逃過這一場可能致死的意外，妮斯奮力地跳過一個大缺口，因而造成膝蓋嚴重受傷，也結束了她絢爛的舞者生涯。

這位文武雙全的女性車手在以雄性爲主的運動項目上，和這些留著小鬍子、梳著油頭的車手競爭了六年。她的成功和她的決心在某種程度上來說，不只代表她自己，更代表運動圈裡男性主義的反思以及開創女性運動員的新局。

一九二九年，妮斯在家鄉法國參加全球首次爲女性舉辦的賽車大賽，她駕駛著歐米茄六號賽車（Omega 6），在這條特別爲賽車打造的專用賽道上勇奪冠軍。一九三〇年，她參與了在利曼（Le Mans）舉辦的全布加迪大獎賽（all-Bugatti Grand Prix），在接近終點線聽到現場車迷的歡呼聲時，用力踩下她那部著名的布加迪35 C型賽車（Bugatti）的剎車，讓這部高性能車款旋轉一百八十度，以倒車方式越過終點！

至於爲什麼美麗如妮斯會選擇布加迪，又或者是布加迪車廠選擇了她來合作，讓經典的35 C做爲她的競速工具呢？我推測這可能和妮斯與強·布加迪（Jean Bugatti，布加迪老闆的長子）之間的情侶關係有關吧。另外在一九二九年，她也曾駕駛著同一款車型以時速一百二十英哩（約爲一百九十二公里/小時）改寫女性陸地高速記錄！這讓大家對妮斯更不敢小覷！

一九三〇年，當妮斯受訪時表示：**「我所追求的只是在和異性競爭的過程中，不被看輕，在沒有差別待遇的條件下展現我所有的能力！」**當然，有話題的人事物一定會讓人感到相當好奇！在經紀公司的安排之下，妮斯跨越大西洋來到美國東岸。以她的美貌、智慧加上在賽道上的表現，所到之處都吸引眾多車迷。

然而，美貌不一定是成功的必要條件，決心才是！

妮斯和布加迪車廠的合作，與她出色的戰績和令人傾倒的美貌形成成功的鐵三角！短短幾年之間，全世界都知道這位爲石化工業以及菸品代言的美麗佳人——有「布加迪皇后」美稱的妮斯！

當然，身爲一位追風疾行的車手，她也和其他賽車好手一樣數次面對千鈞一髮、生死交關的時刻。曾經她因爲路面上的薄冰（Black Ice）打滑，連車帶人掉進運河。更嚴重的一次在一九三六年，在巴西聖保羅的格蘭披治大獎賽（Grand Prix motor racing）參賽的妮斯，由於她在當地享有盛名，車迷紛紛從各方湧入，萬頭鑽動爭睹她的芳容，而跑道上的她也沒讓廣大的粉絲失望，在最後一圈到達終點前，她排名第三！

然而，突如其來的狀況造成的悲劇實在不能歸咎於妮斯；有位工作人員突然闖進跑道清除障礙，她的愛快羅密歐賽車隨即失控！打滑的結果是衝進了觀眾席，造成許多人受傷，六人因而過世。儘管妮斯在車禍中及時被救出，可是也昏迷了三天！這次意外再度成為她人生中的交叉路口。

康復出院後，妮斯想要再回到她鍾情的競速世界，但是各家廠商對於腦部曾受創過的車手都敬而遠之，使得她儘管非常努力但都功虧一簣。一切的不順心在此時就像骨牌效應，就連世界也和她做對，二次世界大戰即在這時爆發，賽車運動遠不及保命第一來得重要。

在生活上，她擁有了人人稱羨的絢爛與富貴；在情感上，她身邊有位翩翩紳士相伴；在她的豪宅中，她毫不掩飾地用華麗、高檔的名貴傢具裝點出居家的富麗奢華。名貴的珠寶首飾在各大雜誌的封面相片上更是不可或缺的配件，甚至，她擁有一艘以她名字命名的遊艇。

但是，樹大難免招風，就在二次世界大戰結束之後，正當她與賽車界一起開趴慶祝戰爭結束、和平在望，同時也準備要迎接賽事回到正軌時，被指控在戰爭期間爲納粹蓋世太保進行地下工作。這樣的標籤無論是眞是假都對她造成嚴重的影響。至此，她的人生猶如雲霄飛車俯衝段落般直直落！晚年的生活妮斯必須要靠救濟，甚至得喝鄰居寵物喝剩下的牛奶維生，幾乎讓人記不起她的石榴裙下曾經有多少異性被拜倒，她的名噪一時、叱吒風雲更化爲烏有！

一九八四年，享壽八十四歲的她在幾乎和她同名的法國南部小城尼斯（Nice）的醫院病房過世。至今，女性車手在場內疾速奔馳的時候，都應該想到妮斯曾爲了許多的後起之秀，擔負起披荊斬棘、承先啓後的角色，是位展現十足的勇氣、決心和魄力的先行者！

成爲那高處不勝寒的唯一

印度相撲選手赫塔．達芙 Hetal Dave

想成爲那高處不勝寒的唯一，如果單單只有勇氣，恐怕還不太夠。

在運動的世界裡，有許多項目在過去只有男性可以參與，女性常常只能擔任在一旁歡呼盡責的啦啦隊或觀眾。如果有一天你在相撲比賽場上看到女性選手，可能會大吃一驚！

那如果這個場景是在印度的孟買呢？

想在父權社會裡挑戰男性至上主義已經是一件有難度的事情了，遑論試圖將不可能變成可能。來自印度孟買的赫塔．達芙（Hetal Dave）從小就是個熱愛運動的孩子，六歲在父親的安排之下開始學習柔道，因爲爸爸認爲她應該是在任何地方都很有自信的人。而她和相撲選手的第一次接觸是在柔道課的對打練習時。在和男性相撲選手的練習過程之中，她體會到相樸運動所需要的機警、爆發力……等條件，正好是她體能上的特色。而她自認運動天賦不算特別出色，但強大的內在和不斷努力得來的運動能力和男性選手不相上下，讓她決定要朝相撲運動發展。

她的父親除了是位柔道教練之外也教瑜珈。爲了女兒的志願，爸爸毅然決定放棄自身的工作，全心全意地協助愛女朝向她的人生目標，披荊斬棘地向前邁進。然而，由於她的家族是婆羅門，也就是（印度教的）祭司貴族，在印度社會的體制下有著崇高的地位。因此，對於赫塔的選擇，親戚們大多持反對意見，少了家人的支持和協助，赫塔達芙在這條追求人生目標的道路上更加形單影隻、孤立無助。

台灣的運動迷對赫塔或許會有印象。二〇〇九年在高雄舉辦的世界運動會中，赫塔達芙代表印度參加中量級比賽，後來她在波蘭首都華沙參加世界盃錦標賽，拿下第五名的出色成績。除了在台灣和波蘭參加過國際級比賽之外，她也曾在愛沙尼亞參與世界級的賽事。

在印度，她幾乎完全找不到對手練習，理所當然的，她哥哥阿克席（Akshay）

的任務就是擔任她的練習對手。不過大部分的印度運動迷對於板球可能熱情如火，對於相撲卻興趣缺缺，再加上相撲不是奧運項目，因此印度政府也不承認它是項正式的運動項目；就連相撲運動協會也只不過是聊備一格，除了負責訊息傳遞，對於赫塔的存在根本視若無睹，任由她自生自滅。然而古有明訓：有志者事竟成；對於毫無經費補助，也無法得到官方支持和認證的她來說，既然有了開始就不回頭。她從二〇〇七年起就不顧一切，相信自己與追求實現夢想的機會已經讓她得到滿足。

只要想到當時需要尋求贊助，負擔出國比賽經費時的場景，赫塔只能用啼笑皆非來形容這些經驗。在企業主面前，她介紹自己是即將代表印度出國比賽的相撲選手（Sumo Wrestler），對方竟以爲她是印度車廠塔塔吉普車的代表（Tata Sumo Car）[13]！在她四處尋求贊助與幫助之時，大型企業紛紛用不可置信的口吻和表情問她：「妳是女生，妳從事相撲運動？」最後當然四處碰壁，她所得到的NO都已經可以串成一條項鍊。

有過這些經驗之後，赫塔和家人幾乎是以一種自給自足的方式，在沒有外來資源的狀況下於熱愛的運動上奮勇向前。除了報名費可以經由官方單位獲得幫助之外，其他包括食衣住行各方面都必須要自掏腰包，才能完成參賽的夢想。

不僅如此，她在平時的訓練也會碰上沒有適當場地的問題。在孟買，她和哥哥必須在板球場地練習相撲。在人來人往的時候，引人側目也只是練習時的日常。但她完全不理會他人的看法，只專注在自己的訓練之上。在她看來，這些難得的練習機會比起他人的嘻笑閒話重要多了！

雖說在國內無法得到支援和資源，到了有機會出國比賽時，這些問題都不是問題。例如以她到愛莎尼亞比賽爲例，出賽前出國的經費都還籌不齊，但是由於當地的報紙對她的事跡曾加以報導，間接使得赫塔在塔林（愛莎尼亞的首都）所受到的歡迎和照顧是她過去所從未體驗的。世界相撲協會的成員對她張開雙臂歡迎，同時特別爲了吃素的她準備豐盛的三餐，希望她在比賽期間能保持體能上的最佳狀態。

13 相對於板球、羽球或其他在印度較爲興盛的運動，相撲運動是鮮爲人知的。因此發生了有不認識或不瞭解的廠商代表，把相撲選手當成是汽車（Tata Sumo Car）的業務代表。

來自不同國家人士的關心和支持都讓她在比賽期間常常處於亢奮狀態，對於那次的愛莎尼亞之行更是難以忘懷！但諷刺的是，第一次得到那種代表國家的被認同感，竟然不是來自於祖國印度，反而是一個陌生的城市、遙遠的國度。

業餘的相撲選手不若職業的相樸力士一樣身材高壯。赫塔的身高五呎七吋（約一七〇公分），體重大約是一六五磅（約七十五公斤）；業餘的相撲世界一共分成四個不同量級：羽量級、中量級、重量級和超重量級，赫塔屬於中量級選手。由於日本是相撲大國，職業選手的實力強勁，但是並未能主宰整個業餘相撲運動，反倒是歐洲有許多好手，可以和日本好手分庭抗禮，一較高下。

赫塔不好意思地說：她一開始比賽連腰帶都沒錢買，只好先用借來的腰帶上陣。如果沒有配戴腰帶就上場比賽會立刻被判定爲失格，一切的努力都會瞬間成爲泡影。

提到這個纏在腰上的腰帶，它曾在機場鬧過笑話。由於機場的安檢人員不相信一條看起來厚厚、黑色的腰帶，在沒有夾帶違禁品的情況下竟然重達六公斤之多。

安檢人員最後滿臉狐疑地一面問谷歌大神、一面對照討論，最後當然只能面面相覷、帶著疑惑地讓她離開。

赫塔．達芙在一條沒人走過的路上踽踽獨行，同時還鼓勵其他女性運動員勇敢地加入她，走出傳統印度女性所受到的不平等待遇。雖說往往得到讓她感到沮喪的答案，但在她的指導下，女性相撲學員日漸增加也逐漸開枝散葉。除了過人的勇氣，赫塔的毅力與堅持、不放棄的態度，使得她走出獨一無二的路。在她爲印度女性開闢新的人生和運動視角後，目前的她終於不再是一個人奮鬥。

不變的是，在她的心中永遠存在著那一股旺盛的鬥志。當有人問：「妳的賽季什麼時候開始呢？」

「只要我找到下一個贊助單位，我的賽季就會立刻展開。」

當赫塔回答這個問題的時候，我相信她眼中的光采和過去一樣閃閃發亮。

常sir的Memo

赫塔．達芙（Hetal Dave）曾是印度唯一的一位女子相撲選手。代表印度在波蘭、愛沙尼亞以及台灣參加各種賽事。其中在二〇〇九年參加高雄世界運動會時，她在中量級的世界排名中是第五名。

別讓別人告訴你你不行

英國奧運跳台滑雪選手麥可．愛德華 Michael Edwards

在麥可．愛德華（Michael Edwards）每次坐上滑雪跳台之前，他那一副厚重的老花眼鏡總會呈現「霧煞煞」的迷濛感，當然在加拿大的加德利冬季奧運會進行比賽之前也不例外。他不以為意地先把護目鏡拿下來，再把鏡片上的霧氣處理乾淨；這時候，他不但清楚看到觀眾的期待，也看到教練的鼓勵，還有些媒體記者用等著看好戲的笑容準備看他怎麼落地。

他深呼吸一口氣，擴音喇叭中傳來的是他從小就夢想聽到的聲音：「接下來準備進行六十公尺跳台滑雪的是代表英國的麥可．愛德華。」

不知道你是不是曾經看過《飛越奇蹟》（Eddie the Eagle）這部電影，描寫的是一位懷抱奧運夢想的英國年輕人麥可．愛德華的追夢旅程。出生在一九六三年的麥可本身就有嚴重的遠視問題，膝蓋又因為受傷曾經打上三年石膏。但在這位年輕人的心中，一直都有個「我要代表英國參加奧運會」的夢想。上述的身體狀況當然讓麥可．愛德華在成為運動健將的路上處於劣勢，使得大家對於他是否夠資格參加奧運等級賽事抱持懷疑。但是這些挫折和先天的問題對有奧運夢的他不但沒有成為絆腳石，反倒是憑藉著不屈服的心，選擇了一條不一樣的路，完成他的夢想。

麥可．愛德華來自一個不算富裕的家庭，他的家人除了父母之外，還有一位小她兩歲的妹妹。從曾祖父開始已經連續三代都以從事泥水匠維生的父親，從不認為他有成為運動員的條件；媽媽則是在鋁門業擔任作業員。小時候，因為學校安排的遠足帶他來到義大利，讓他開始鍾情於速降滑雪，同時在十七歲的時候成績達到顛峰，曾入選過英國國家隊。到了一九八四年，麥可第一次有一圓夢想的可能，無奈因為沒通過英國奧運滑雪代表隊的甄選而錯過參加奧運的機會。不過，那一次挫敗非但沒有讓麥可灰心，相反地，更激起他為一九八八年冬季奧運準備的企圖心。

經過反覆的思考，他做了一個大膽、冒險，可能也有點一廂情願的決定——轉換跑道，從速降滑雪跳到跳台滑雪。在當時，英國沒有跳台滑雪選手，這也意味在這個項目上不會有其他的選手和他競爭；可是也代表這將會是個沒有教練、沒有預算，也大概注定沒人會幫忙的孤獨旅程！幸好，曾經當過替身的麥可知道，有些冒險之旅必定帶著一些奇幻成分！他幾乎身無分文，白天在工地做泥水匠賺取微薄酬勞、幫人割草，或是在飯店當兼差廚師、甚至是褓姆……，只有這樣他才能籌措經費訓練，把每一塊賺到的錢都投資在訓練上。

此外，他對於訓練之外的生活極盡所能的簡單，只要在罐頭裡的食物還沒臭酸，就算是在垃圾桶裡也是美食。他還必須假裝自己是病患才能睡在芬蘭的精神病院度過寒冷的夜晚，或者，在一個晚上只需一英鎊的童子軍中心工作，換來在中心過夜的機會。因爲這些是當時他能找到能負擔，也是最便宜的住宿地點。

他爲了訓練，隻身到美國紐約寧靜湖接受威斯康（John Viscome）和博格宏（Chuck Berghorn）的指導，第一次站上跳台時，買不起裝備的麥可只能向博格宏教練借用他曾經穿過的比賽靴，而麥可必須穿上六雙襪子才能讓自己的雙腳穩穩地待在鞋子裡。然而，這只是一連串考驗的序曲。就是在這樣的夜裡，他得知他終於取得代表英國參加奧運跳台滑雪項目的資格。

也許每個人都曾有過想一飛衝天的夢想，但不是每一個人都有完成這個夢想的決心。可能麥可自己也有過負面的想法，因為他對記者說過：「依我看來，我只有兩種可能：第一是鮑伯霍伯（Bob Hope，美國著名的喜劇演員），第二是沒有希望。」[14]（In my case，there are only two kinds of hope，Bob hope and no hope.）

然而，他相信：除了自己，其他人不能擊倒你。沒有外來幫助的時候，自己就是自己最好的幫手。希望你對自己的未來有著比麥可更多的期待，更大的期望；面對重重的挑戰和挫折，不後悔地瀟灑走一回！

常sir的 Memo

麥可・愛德華（Michael Edwards）是英國奧林匹克運動員，主攻跳台滑雪項目。他是英國自一九二八年以來的第一位跳台滑雪奧運選手。雖然他在一九八八年冬季奧運會的七十和九十公尺跳台項目上的比賽成績排名都是最後一名，然而，從一九八八年到二〇〇一年的十三年期間，他一直是英國跳台滑雪的記錄保持人。

14 這是麥可幽默地自我解嘲的說法，他認爲自己根本只是志在參加，不可能有任何作爲。

飛越羅馬的赤兔馬

伊索比亞長跑奧運選手阿比比．比基拉 Abebe Bikila

阿比比．比基拉（Abebe Bikila）是一位來自伊索比亞的長跑選手，也是近代如雨後春筍般湧現的非洲長跑選手的先鋒人物。在六〇年代初期，他曾經一共參加過十三次世界級的馬拉松大賽，除了一九六三年的波士頓馬拉松爲第五名外，其餘的十二場比賽他都把冠軍獎盃帶走！這位看起來只比皮包骨多一點點肉的長跑王者到底是什麼來歷？又是如何崛起的？在當時，還眞的是無人知，也沒人瞭。

再好的赤兔馬也需要伯樂的欣賞。職場上是如此，生命中亦然。

比基拉出生在一九三二年八月七日，除了家人歡喜地迎接這個新成員的加入之外，可能大半個世界的焦點都放在同一天正在進行的洛杉磯奧運馬拉松。

在他孩童時期，家中擁有一座農場，他的責任就是看管羊群。到了二十歲，他加入衣索比亞的陸軍，並且和部隊搬到首都阿迪斯阿貝巴；因爲他所屬的單位被指派爲皇室的侍衛隊。誰會想到，他的人生竟然因爲如此，出現意料之外的轉變！從一位牧羊人、一位皇室的隨扈到奧運金牌得主；這樣的人生轉折眞是少之又少。

然而，這就是比基拉他那平凡又不平凡的人生簡歷。

擔任皇室侍衛期間，體能課表中有一項二十公里的長跑——從蘇魯塔（Sulu-lta）出發到阿迪斯阿貝巴（Addis Abäba）。體能訓練由皇室指派的瑞典籍教練尼斯卡能（Onni Niskanen）負責，他每天看著這一名如此能跑的大兵從眼前飛奔而過，腦中盤算著怎麼樣把他這一塊璞玉雕琢成爲精美的作品。

尼斯卡能和其他的五、六百位瑞典人一起到衣索比亞，提供當地所需要的護理師、醫師、教職……等多元化協助。當他看到身高約一七六公分、體重五十八公斤的比基拉展現長跑的天賦之後，旋即展開訓練計劃。比基拉幾乎就是位天生的運動員，也很願意聽從他人的建議；教練除了糾正一些跑步的姿勢，教導如何達到省力的目的之外，制訂的訓練計畫比基拉也都能順利地一一完成。尼斯卡能和比基拉兩人的師徒關係，到羅馬奧運結束時已經有如知心好友了！

在比基拉正式向世界展現他的長跑實力，參加一九六〇年第十七屆奧運會之前，他只參加過少之又少的馬拉松賽事，但多能以兩小時二十分鐘左右完賽，真的可以說是「天生快腿難自棄」。沒想到在奧運來臨前，他原本的跑鞋被他跑壞了，新買的跑鞋又一直造成水泡問題；最後他決定「天然的尙好」，打赤腳參加人生中第一場、也有可能是最重要的一場大賽！如果因爲沒穿鞋子而造成意外事件發生，可能許多歷史都將會改寫，許多故事都只是童話了。

對於來自衣索比亞的田徑運動員來說，小時候可能多半都經歷過沒鞋穿也要練的時候。我相信對一個抱持著決心沒有鞋子也要參加奧運的比基拉而言，羅馬市區道路上所舖設的鵝卵石只不過是他必經的勝利之路，他的意志力早已凌駕一切，困擾根本就不在他的選項之中。這也是比基拉的過人之處：與生俱來的意志力！

羅馬奧運會的馬拉松是從九月十日傍晚五點半開始起跑，沿路有許多令人目不暇給的世界級地標在選手們眼前通過，再一個一個成爲身後景物，也一一爲強盛的古羅馬帝國留下深刻的印記。我個人一向最喜歡的就是古羅馬競技場，不完全是因爲我的偶像李小龍所拍攝的電影《猛龍過江》曾以這裡爲背景，打敗我認爲他此生在電影中所遇到過最強的對手羅禮士。而是因爲我覺得這個地點所代表的殘酷廝殺以及人民富足，有著強烈對比和說不出的諷刺。

有一種說法是：在出發前往羅馬參加第十七屆奧運會之前，衣索比亞代表團陣前換將，拉掉一位受傷的選手，塡上了比基拉的名字。但是另外一位作家則指出這是不正確的說法。因爲衣索比亞代表團早已安排好要將他納入旗下，只不過沒人知道而已。

你如果正好曾經在八月仲夏造訪羅馬，大概不難知道爲什麼這個長達四十二．一九五公里，對體能和毅力都是強力挑戰的比賽項目會訂在向晚時分才鳴槍起跑。因爲下午的氣溫可能會對參賽選手造成影響[15]，因而安排在適合比賽的環境下進行大賽。隨著夜幕終於來到，當年在羅馬的馬拉松競賽路線，最後會經由亞壁古道再度進入市區。在這個歷史遺跡的古道兩邊有阿兵哥手持點燃的火炬，以便讓所有選手有清楚的方向；我相信也燃燒了他們渴望在四年一次的奧運中全力求勝的欲望。

值得一提的是，一九三七年義大利軍隊入侵衣索比亞時帶走的阿克蘇姆方尖碑，那次的羅馬奧運馬拉松比賽路線也安排了兩度經過這個曾經被義大利當成是戰利品強取，隨後又於二〇〇五年物歸原主的歷史文物。第一次是在比賽剛開始時，比基拉當時在領先集團中的尾巴跟隨著其他人的腳步；然而，當比賽即將結束之前，大約在終點前五百公尺左右，所有的跑者要再度經過石碑旁，這時就只剩下比基拉和強力的競爭對手拉迪（Rhadi Ben Abdesselam）了。

我即使這在書寫這段事蹟，仍很難想像當時健步如飛的比基拉的心情。這個原本就是在自己家園裡的古蹟文物，現在竟然被掠奪者借花獻佛，等待著每一位觀光客讚嘆仰望的眼神，可能因此也給他另外一股腎上腺素，注入新能量。

馬拉松項目的大隊人馬在所有圍觀的人群和運動迷的夾道鼓掌聲中，再一次進入這個偉大的城市。領先群中的巴基拉，這位赤腳長跑高手用他的後段衝刺加速能力「海放」身後最強大的競爭對手，讓來自摩洛哥的拉迪在夜色籠罩下的羅馬市區裡，除了前導車和巴基拉的車尾燈外，什麼都看不到。毫無懸念地，比基拉以兩小時十五分十六秒驚人的成績率先通過君士坦丁凱旋門，赤腳空拳地拿下一九六〇年羅馬奧運會男子馬拉松金牌！也打破了由齊托派（Emil Zatopek）所保持的奧運馬拉松記錄。

比基拉不但成爲奧運會創辦以來第一位勇奪奧運金牌的衣索比亞選手，也是首位奪金的東非裔黑人運動員，並且以令人咋舌的二十五秒之差完勝銀牌得主拉迪！

四年之後在東京首次舉辦的奧運會上，比基拉再次在馬拉松項目上勇奪金牌。而他的成績更進步了三秒，成爲奧運史上第一位在男子馬拉松項目上完成二連勝的跑者！唯一不同的是這一次他找到了一雙合腳的跑鞋！

對於那一位曾經給你機會，曾經幫助過你的人心存感激，這是一個做人處事的

15 根據研究顯示，對於多數跑者來說，在高溫時進行比賽或訓練需要更大的能量消耗，身體脫水的情況更加嚴重，人體所需要的氧氣量也更大。最佳的長跑氣溫是在攝氏七至十五度之間，以一位三小時三十分鐘可以完賽的跑者爲例，氣溫每升高一度，配速會減慢二秒鐘左右。

基本態度。因爲你永遠也不會知道當他釋出善意，伸出雙手之後，對你的未來會有什麼樣的影響。尼斯卡能教練不但發掘了比基拉這匹難得一見的赤兔馬，他更轉任到教育部對衣索比亞提供藝術方面的幫助。更進一步地說，在非洲的三十五年間，尼斯卡能不但造就比基拉傳奇，也是整個非洲運動員在國際上和奧運會的舞台上活躍的絕佳指揮家！

一九六九年比基拉不幸因爲車禍而必須坐在輪椅上度過餘生。四年之後他因爲腦溢血在阿迪斯阿貝巴過世，結束了短暫的四十一年不平凡人生。生前，比基拉最無法忍受的就是有其他人跑在他的前面。我想大概不會再有任何人，能像這位傳奇人物一樣綻放著奇幻的光芒！

常sir的Memo

第十七屆奧運會賽後，比基拉在獲得金牌後表示：「我要讓全世界都知道，衣索匹亞向來都是以決心和英勇的表現獲勝的！」

PART 4

綠葉才是關鍵

別忽略不會讓你流淚的「洋蔥」！

Billy Beane

Muhammad Ali、Angelo Dundee

Renel Brooks-Moon

Craig Sager

Leigh Steinberg

Marty Glickman

Michael Brian Young

向第二偉大的記錄致敬

奧克蘭運動家隊總經理賓恩 Billy Beane

你喜歡棒球嗎？你愛看棒球比賽嗎？如果對於上述問題你的回答是肯定的，那你應該會知道我的工作項目中有一項是轉播棒球賽事。

棒球算得上是人類從事的運動中最複雜的項目之一，棒球記錄也一向是讓球迷最迷戀的數字。雖說所謂記錄不過就是一堆從〇到一的排列組合，卻常常讓人爭辯，也往往令人折服。

如果說棒球規則對你來說有點艱澀難懂，那我可能要請你先跳過，直接看下一篇故事。因爲這一篇文章我想談的是和數字、和記錄有關的故事，美國職棒史上第二偉大的記錄——二〇〇二年奧克蘭運動家隊的二十連勝。

近年來，有不少和運動相關的電影不是以運動做爲背景，而是直接切入運動本身。其中和棒球相關的電影也有好幾部，我最喜歡的有兩部：其一是以描述球探爲背景的《人生決勝球》（Trouble with the Curve，我承認有部分是因爲劇本是用我喜歡的勇士隊做爲出發點的緣故），另外一部是根據《魔球》（Moneyball: The Art of Winning an Unfair Game）這本書拍成的同名電影。而魔球講述的就是二〇〇二年的運動家隊，還有那一年創下二十連勝的過程。

美國職棒大聯盟自一九〇〇年起只有白襪隊在一九〇六年和洋基隊在一九四七年曾締造十九連勝的驚人記錄。也就是說在二〇〇二年之前已經有超過五十年沒有球隊能超越十九連勝的障礙。

萬丈高樓也得從打好地基開始建構，偏偏運動家隊在二〇〇二年球季開始之前就被挖了牆角——前一季繳出一百二十分打點，進攻火力兇猛、對球隊貢獻卓越、拿下美國聯盟最有價值球員的吉昂比（Jason Giambi），被東岸豪門紐約洋基隊以七年、一億二千萬美元在自由球員市場上簽走。

另一位開路先鋒、外野手戴蒙（Johnny Damon）也被東岸大戶紅襪隊用四年合約網羅；牛棚終結者伊斯林豪森（Jason Isringhausen）則加入了國家聯盟的聖路易紅雀隊。除了先發投手陣容保持完整之外，這一年的運動家隊讓總經理賓恩（Billy Beane）還沒開季就傷透腦筋！「我該怎麼樣做才能接近上季一百零二勝的佳績？甚至連續三年打進季後賽？」在沒有銀行提款卡，又不能舉辦慈善捐款大會的情況下，他只好另外想辦法打造二〇〇二年的球隊。他能做些什麼？

當然，答案在電影《魔球》中已經說得很清楚。

可是，電影中沒提到的是二〇〇二年的美國職棒大聯盟正面臨球員準備罷工的棘手狀況。大多數的球隊面臨虧損的壓力，更有幾支球隊出現可能無力經營的困境。球隊與球員雙方明訂八月份的最後一天如果無法把新版的薪資集體協議談定，那麼球員將會展開下一步行動。毫無疑問地，球員和球隊之間的關係緊張就像正在和大魚拉扯的釣魚線。偏偏從八月十三日開始，在已經拿下十五勝的先發投手奇多（Barry Zito）的帶領下，運動家如夢似幻的二十連勝揭開了序幕！如果一旦確認罷工，那這二十連勝的歷史畫面，也不過就是白日夢中的場景之一了。

我們再來談談運動家隊當年的陣容，先從現實的財務面說起：球季開始之後，運動家的團隊薪資水準在大聯盟三十支隊伍中排名第二十八名。全隊的年薪總合只有四千萬美元……這到底有多低呢？

以下提個對照組你就會明白。美國聯盟最高薪球員，遊騎兵隊的羅德里蓋茲（Alex Rodriguez）當年的年薪是二千二百萬美元、國家聯盟最高薪球員，道奇隊的布朗（Kevin Brown）是將近一千六百萬美元。兩人的年薪加起來正好接近運動家隊的總合。

球季前的補強/先發三巨投：哈德森（Tim Hudson）、默德（Mark Mulder）和奇多是不動明王；在攻擊面上，攻擊重心是以特哈達（Miguel Tejada）和恰維斯（Eric Chavez）爲主，加上隆恩（Terrence Long）、和連續兩個球季都有好表現的戴伊（Jermain Dye）。而球隊用投手和大都會隊交易了才剛被洋基隊交易到大都會隊的前強打者賈斯提斯（David Justice），期待他能再度找到火力爲對球隊做出貢獻。當年三十五歲的賈斯提斯正面臨表現不佳的二〇〇一年球季和是否要退休的問題。

最後，賓恩還到前次選秀會上首輪被選中、但當年幾乎已經沒人記得的哈特伯（Scott Hatteberg）家裡，問這位三十二歲的前捕手願不願意離開蹲捕的工作改練一壘手？（因爲他的手肘神經有問題，會影響到丟球的準確度，而手術之後依舊沒有改善。）

檯面上，這一支球隊讓人期待度不高，再加上球季開打後的前四十六場比賽中，運動家隊只打下了二十勝二十六負共不到五成的勝率。這個成績根本就是在打臉總經理賓恩所謂的「花錢買得分」的哲學，也讓球隊內部出現了雜音。如果說許多事情都有初步的徵兆，那麼這支已經在大聯盟存在了一百零二個年頭的球隊在該年六月突然回神，藉由兩次八連勝打下了十六勝一敗的戰績，應該是交響樂進入高潮前的序曲。

隨著時間進入到八月，勞資雙方對峙的緊繃感也逐漸升高。如果考慮到先前勞資雙方所提到的八月三十一日最後期限，等於前面十四連勝都是帶有不確定的因素，那是種不知道明天會不會就沒球可打的困擾……但是他們還是一場又一場的繼續贏下去。

說到這一支年輕球隊的唯一好處就是沒有負擔，球員們只想好好享受每一場比賽。就算到了連勝結束的那一天，全隊上下也都輕鬆以對，沒有人像喪家之犬一樣垂頭喪氣。

該年賽事連勝結束後結算球員成果：奇多四勝，1.87 ERA[16]；哈德森（Tim Hudson）四勝，2.03 ERA；默德（Mark Mulder）三勝，3.52 ERA；萊德（Cory Lidle）也有三勝，ERA是誇張的0.30。進攻上，每一場都有不同的火車頭，從第十八場連勝開始一直到第二十勝全都是靠再見安打／全壘打一舉打敗對手！這三場比賽由終結者考區（Billy Koch）包辦最後三勝，加上二十連勝過程中共有九次救援成功，成功地接替了伊斯林豪森成功扮演球隊的大鎖。

尤其是最後三勝，挾著球迷殷殷期盼新記錄以及每一場比賽從領先到被對手超

16 Earned Run Average是投手的自責失分率，爲衡量投手表現好壞的基本數字。

前的壓力，最後由二〇〇二年「年度最有價值球員」特哈達，和這一年的成績堪稱是生涯代表作（OPS+=116）[17]的哈特伯輪流當英雄才奪得二十連勝的記錄。這樣的劇情當然不是天天上演，也不是人人都有這麼強大的心臟。

至於爲什麼這二〇〇一年的二十連勝是第二偉大的記錄呢？

因爲印地安人隊在二〇一七年完成了更高的記錄二十二連勝。然而在我心中，從來沒有懷疑過這第二偉大記錄的重要性。能夠成爲第一支突破障礙寫下新猷的球隊，需要的可能不只是球技、天時和地利，如果再加上一些不確定，或者讓人爭論不休的元素，那就已足以符合讓人難忘的條件了！

常sir的Memo

布蘭德（Peter Brand，未來賓恩的幕僚與智囊）第一次碰到賓恩時，他還是印地安人隊的行政人員。當時布蘭德和他未來的老闆，也就是賓恩分享：「許多總經理認為球隊應該買帳面上數字好看的選手，事實上並非如此，你應該要為球隊買贏球，為了要買到球隊需要的勝場數，你必須要買的是得分。」（因為棒球比的是得分多的一方獲得比賽勝利。）

17　OPS＋代表一種進階統計數據。意思是標準化進攻指數，它是一個比較值。以哈特伯的OPS＋＝116爲例：表示在全聯盟平均值設在百分之百時，哈特伯二〇〇二年的進攻表現要比聯盟內百分之十六的打者更好。

那雙推動拳王的手

拳王阿里 Muhammad Ali 與教練鄧迪 Angelo Dundee

在我小時候，最喜歡的電影就是《洛基》（Rocky）了！無論是第一集他跑上費城藝術博物館，還是他在莫斯科的冰天雪地中爬上山巔都讓我印象深刻。我常記得洛基說過的話：「在你覺得自己快倒下的時候再多打一回合，這就是讓你人生大不同的關鍵。」但是，坦白說我幾乎不記得他的教練米奇（Mickey）說過些什麼。

教練，是一個在運動競技場上常常被提起，又往往被忽略的人物。

揚名立萬的時刻，不搶先邀功的是教練；屢創佳績的時候，站在選手身後的是教練；在衝突發生的當下，衝出來保護選手的是教練；失誤頻傳的尷尬場面，為選手打圓場的還是教練。

也許我們都習慣了眼前的星光熠熠，對於代表成績的數字組合嘖嘖稱奇，卻跳過了他（們）在身後的孜孜不倦。

在拳擊史上有最偉大的重量級拳王阿里（Muhammad Ali），同時也有最偉大的教練鄧迪（Angelo Dundee）。他們兩人相知相惜，合作無間，也許是拳擊史上的最佳拍檔！

一位出色的教練不只要有慧眼識英雄的辨別能力，還要能因材施教，調整練習的內容和分量。更重要的，也是我認爲一位好教練和一位出色的教練之間的最大差別：教練得知道如何帶心，從心理層面激勵選手，進而引導他拿出更佳的表現！

鄧迪可以稱得上是拳壇中這方面的翹楚，不管事情或是比賽狀況有多麼糟糕，他總是能找到帶著正向的那一面，用它來鼓勵選手，這眞的不是件簡單的事！由他所帶過的冠軍拳手之中還有大名鼎鼎，拿過五個不同量級的世界冠軍的雷納德（Sugar Ray Leonard）[18]，以及派斯川諾（Willie Pastrano）[19]。

鄧迪的原名爲安吉洛·米雷那（Angelo Mirena），一九二一年出生在賓州的費城，父母親是來自於義大利移民家庭。哥哥克里斯（Chris Mirena）專精於辦拳擊比賽，而另一位哥哥喬（Joe Mirena）本身就是個拳擊運動員，三兄弟在紐約的拳擊界聯手尋求發展。爲了不讓父母親知道他們的工作都和拳擊相關，另外也想表達對前羽量級世界冠軍鄧迪（Johnny Dundee）的紀念和敬重之意，三人都將姓氏改成了鄧迪。

鄧迪不是打拳的料，但是他從基層做起，在場外孜孜不倦的學習，終於使他在年輕時就成爲出色的教練團成員。他能處理傷口，看穿對手的優缺點，更重要的是瞭解選手的心理；這些特質讓許多優秀的拳擊選手登門拜訪，希望在他的帶領下參賽。一九五九年，鄧迪帶著輕重量級拳王派斯川諾在克雷的家鄉路易維爾（Louisville）參加比賽，有位不到二十歲的年輕人打了一通電話到鄧迪和派斯川諾住的飯店房間，這位仁兄就是克雷（Cassius Clay，也就是後來的拳王阿里）。接著，克雷到他們的房間和鄧迪促膝長談好幾個小時，彼此都留下不錯的印象。一九六〇年，克雷拿下羅馬奧運金牌後，兩人正式開始合體合作。

一九六三年，當時的拳王阿里還使用原本的姓名克雷，他自一九六〇年加入職業拳壇之後的十八連勝，讓他在拳壇受到矚目。同年六月十八日他遠征到倫敦，和英國拳王庫柏（Henry Cooper）打了一場關係「誰才有資格挑戰當時的重量級拳王」的關鍵比賽。在溫布里體育館內有三萬多人在現場觀戰，雙方在前四回合打的難解難分，克雷輕巧的步伐有著「花蝴蝶」的美稱，也使得庫柏的重拳轟炸機不容易找到降落的機場。

在第四回合結束前的五秒，庫柏的強力左鉤拳終於找到進攻機會，克雷的右臉頰遭到襲擊而應聲倒在欄繩上，全場觀眾的喝彩聲彷彿可以穿越屋頂，直達天際！裁判的倒數來到了四秒，代表這回合結束的鐘響也同時響起，氣急敗壞又眼冒金星的克雷被教練團扶回他的休息角落。在這個時間點上，克雷有點像是夾著尾巴的

18 雷納德是八〇年代的最佳拳擊運動員之一，也是職業拳擊史上第一位把自己的獎金累計超過一億美金的選手。曾經獲得次中量級、輕中量級、中量級、超中量級和輕重量級的世界冠軍。

19 派斯川諾則是從一九六三年到一九六五年間主宰了輕重量級別，打遍天下幾乎找不到任何可以匹敵的對手。這一段時間中他的戰績是五勝一敗，兩度成功衛冕他的冠軍腰帶。

狗，只希望這一場戰鬥就此劃下句點。

在一旁的鄧迪已經洞悉他的心思，他想起賽前他的右手拳套上有個小洞；接著，他用手指把洞挖大一點，拉出了些棉絮後再告訴裁判是手套的問題；當時裁判找人去克雷的休息室找一副新的手套來比賽，花了幾分鐘時間也沒有結果。但是，鄧迪想要的就是這幾分鐘時間讓他的選手可以重整旗鼓，再度上場。

第五回合開始，克雷的重拳讓庫柏難以招架，左眼受傷、血流如注；裁判在經過一段時間後終於做出停止比賽的決定，認定庫柏不能再繼續比賽下去，而由克雷在第五回合技術性擊倒對手取勝，取得挑戰拳王的資格！

相隔了一年（一九六四年）後，重量級世界拳王李斯頓（Sonny Liston）和挑戰者克雷的比賽在邁阿密登場。這是一場歷史性的大賽，也是偉大的阿里首次登上拳王寶座的紀念性戰役。但是在這過程中如果少了鄧迪，歷史也許就會改寫，阿里也不一定有機會成為史上最偉大的拳擊選手。

在比賽前，一向愛講垃圾話的克雷就大膽預測這場當時的世紀之爭將會在第八回合結束，結果是克雷帶走李斯頓的冠軍腰帶！他甚至還買了一輛巴士，在巴士的車側寫上大大的標語：「第八回合就讓李斯頓說再見」，還在大半夜開到對手的住宅大呼小叫。

一九六二年，李斯頓打敗對手成爲世界重量級拳王，接下來在隔年衛冕成功。三十五勝一敗，二十五場擊勝的戰績是他所向披靡的絕佳背書。當年，沒幾個選手願意和他比賽，因爲他一拳就會讓你倒地不起，直接將比賽畫上句點。這場比賽的前四回合兩位選手幾乎是不分軒輊，年輕了十二歲的克雷敏捷的反應和靈活的步伐，使得李斯頓找不到瞬間擺平對手的機會。然而，就在第四回合結束時，克雷一邊走回座位一邊不停地眨眼，很明顯是感覺眼睛不舒服。一屁股坐在板凳上的克雷嚷著要鄧迪剪開手套，結束比賽；因爲他不但眼睛有灼熱刺痛感，而且要告訴所有人李斯頓用奧步讓他看不清楚、視力模糊。

此時鄧迪非但沒有照辦，還告訴克雷：「這是一場拳王爭霸戰，先坐著冷靜下來！」接著，他把他的小指放進拳王的眼睛之後，再放入自己的眼睛，鄧迪立刻感到自己的眼睛也有很不舒服的燒灼感！他的豐富經驗告訴他：先用水把這些不知道是什麼物質的東西沖洗掉，克雷的視力才有機會慢慢恢復，繼續比賽。然後，他把克雷推向擂台前告訴他：保持移動，遠離對手。

第五回合克雷遵照教練的提示勉強度過；到了第六回合，先前的清水沖洗奏效，恢復視力的克雷也再次輸出正常進攻火力！而李斯頓在這一回合受到對手強大的襲擊之後，認定自己無法在第七回合鐘響時再上場，克雷被判定技術性擊倒對手，拿下夢寐已求的世界重量級拳王。他興奮地在擂台上跳躍著高呼：我震憾了世界！我是最偉大的！

但是，若沒有鄧迪的冷靜處理和理性一推，也許這一切都不會發生！

另外還有一個鮮爲人知的小故事也能讓我們見識到鄧迪鼓舞選手的能力。有一次，他帶著並不出名的重量級拳擊選手強尼．霍曼（Johnny Holman）參賽，當他的選手正落居下風時，他想到霍曼的夢想就是爲家人買一間可以遮風避雨的家；這時，鄧迪在擂台下大叫：「對手快要把你的電視機拿走了！」「他快把你的門窗拆走了！」「你的房子快泡湯了！」最後，受到激勵的霍曼不但贏了比賽，後來也順利地買房子給家人，完成他的夢想。

這當然不是完全歸功於鄧迪；畢竟打贏艱苦的比賽的人是場上的選手。但是鄧迪所扮演的角色和他所使用的方法，確實非常受用也很關鍵。

可能是因爲鄧迪沒有二心，也可能是克雷除了他找不到另外一位更好的教練；不管是什麼原因，這一個亦師亦友的搭檔組合在不曾簽過任何合約的情況下，從一九五九年相遇，到合作超過二十年。這無論是在任何年代恐怕都是難以想像的緊密結合！

當克雷信奉回教成了穆斯林，同時改名爲「穆罕默德．阿里」的時候，鄧迪從未表達過任何意見。

隨著阿里改變宗教信仰，整個團隊幾乎只有鄧迪是白人，周遭的人都在勸阿里找其他人取代他；但是阿里明瞭他的重要性，力保他在團隊中不可撼動的地位。

當阿里拒絕美軍徵召，被取消冠軍資格，同時他在拳擊生涯黃金時期有三年半左右的時間無法出賽時，鄧迪張開了雙臂等待冠軍解禁後的回歸。

當阿里的拳頭大、詩興大（他很會寫詩），嘴巴更大的個性表露無遺，甚至給了自己「路易斯安那大嘴巴」的綽號時，鄧迪從來不曾干涉過他，或是要他多做少說。

雖然在鄧迪的幫助下，阿里成為了「不世出的」最偉大拳王，但是他從未將功勞攬在自己身上。相反地，在他生前最後幾次受訪時，他說到：「我一直感謝上帝讓我在阿里的生命之路上和他作伴。從前他是最偉大的拳擊選手，今後也會是如此；而我只不過是忠實地陪在他的身邊，提供我對拳擊運動所瞭解的一切而已。其他的，我別無所求。」

另一方面，阿里在鄧迪的自傳中特別下筆寫序。文中寫到：「**在那些多到數不清的爭議之中，你都不會看到鄧迪牽涉其中；那是因為他為人忠誠，同時他尊重我，讓我順著自己的心成為我想做的那個人。這就是我愛他的原因。**」

願在天上的他們也能夠繼續這難能可貴，天賜良緣般的師徒情份；彼此永遠都是對方攜手打拚的戰友，忠實的朋友，最大的靠山。

常sir的Memo

我很欣賞鄧迪說過的幾句話，想和正在看書的你分享：

1. 你應該注意看看在你輸掉比賽的時候誰在你身邊。而不是在贏得勝利的時候。

2. 當一位拳擊選手打贏了比賽，那是他努力的成果；但當他輸了，不管怎麼樣我都會和他一起承擔。

3. 做個親切的人不會多花你一毛錢。

不能忽視的女性力量

巨人隊甲骨文球場司儀瑞諾．布魯克斯．沐恩 Renel Brooks-Moon

二〇二〇年美國職棒大聯盟的巨人隊宣布：將聘用史上第一位女性教練。這不但是重要也很有前瞻性的決定，也讓所有的女性教練有大展拳腳的機會。也許是因爲巨人隊的大本營是在舊金山，在我的眼中它一向是個自由奔放的地方，嬉皮文化在此光大茁壯，也是我的偶像李小龍發跡的地方；從這裡開啓某些事情的新頁似乎也蠻合理的。

在男女有別的職場中，女性在以男性爲主的工作環境中所背負的壓力和影響，自然不如古早的黑白種族隔離般不可碰觸或禁錮。加上近年來，在男性主導的工作場域中，已經有愈來愈多的出色女性證明自己的能力不但不會輸給任何男性，甚至還超越他們。接下來就有位很出色的女性，她的表現每每讓我印象深刻，也讓同樣身在體育界服務的我暗暗地爲她喝采。

這位總是用她帶著磁性又溫暖的嗓音，日復一日在舊金山巨人隊主場甲骨文球場（Oracle Park）服務球迷的女性司儀瑞諾・布魯克斯・沐恩（Renel Brooks-Moon），是我這一篇的最佳女主角。

約莫是在我主播生涯的前幾年吧，有一次在轉播時於耳機中聽到她的聲音有些許的訝異！那時候對於我所從事的行業，我先入爲主的以爲是以男性爲主。然而，這個來自舊金山巨人隊的主場播音系統中的聲音不但飽滿、宏亮，音色中還帶有一點鼓舞人心的感覺！

當時，還不覺得有什麼特別之處，直到聽到轉播的次數愈多，耳際也愈來愈常聽到球場裡幾乎都是清一色的男性司儀後，才突然覺得瑞諾的存在是稀有且不同的，也是目前美國職棒中最獨特的。

從洋基隊已故的司儀薛普德（Bob Sheppard）那溫暖、似乎在娓娓道來洋基隊歷史的聲音，到在課餘之際，爲死忠襪迷送上他們所鍾愛的球隊選手的名字，全心投入這個兼差工作的紅襪隊莫西根（Henry Mahegan）……，這些聲音都已經在每一場主場球賽中和球隊緊緊相連。司儀除發音必須清晰之外，個人特色是最大主因。對於巨人隊來說，瑞諾的出現是承襲前人的腳步。

在瑞諾成爲美國職棒大聯盟史上第二位女性司儀之前，巨人隊就已經聘請雪莉．戴維斯（Sherry Davis）這位先行者，也是棒球這個多爲陽剛之氣、少有陰柔之美的場域中第一位女性司儀。她在燭台球場（Cndlestick Park）爲球迷服務了七年後，隨著燭台球場走入歷史。

新球場名爲太平洋貝爾球場（Pacific Bell Park）於二〇〇〇年正式開幕啓用。新人承接舊人職，在二〇〇〇年四月十一日全新主場正式開始啓用後，前廣播節目主持人瑞諾也正式成爲新的「巨人之聲」。在她服務球迷的前十九年之中只缺席過七場主場賽事，不但是主場球迷的最愛，連客隊選手也都喜歡她的播報方式！

人們常說「有其父必有其子」，這裡應該是說「有其父必有其女」會來的更加貼切。一九五八年出生在灣區奧克蘭的瑞諾和父親奈森尼爾（Nathaniel Brooks-

Moon，又簡稱爲奈特）不但是一個模子刻出來的，聲音的音色也很相似！唯一不同的地方大概是身材吧——瑞諾的體型在歐美的女性之中不算太高大，俐落的短髮看起來精神奕奕！她常常保持運動，也使得她的肌肉線條依稀可見。當然，她也不忘在小地方展示她的嫵媚，例如纖細的手指上戴著讓人目不轉睛的世界大賽冠軍戒，搭配指甲上黑色和橘色相間的指甲油，在在都告訴他人我是舊金山巨人隊的一分子。

在瑞諾的人生之中，有兩件很重要的事：音樂和棒球。對它們的熱愛來自於她的父親和祖父。過去就身爲黑人棒球聯盟的死忠粉絲，祖父教會了她如何在看棒球比賽時做記錄；家裡面除了爸爸之外唯一的一個男性就是哥哥，而他是一位棒球選手；叔叔是巨人隊的忠實球迷，從瑞諾小時候就一再地告訴她將來有一天，妳會上電視。而這些都讓瑞諾對於棒球的瞭解增加不少！

當「十月先生」傑克森（Reggie Jackson）在世界大賽單場打出三支全壘打時，她一個人在大學宿舍裡看著小電視，激動的情緒讓她發現不吐不快的重要性。她打電話回家和父母分享棒球場上所發生的大事和帶給她的震撼！此外，音樂也和她有密不可分的關係。她早年投入廣播事業，在灣區的各個廣播電台和她的忠實聽眾透過不同的頻率相遇，連在舊金山市長就任大典上也少不了她在現場的主持身影。

瑞諾的聲音在空中、在球場，在重要的就職典禮中都有著舉足輕重的地位。現在的瑞諾不僅是在超市購物時會直接成爲人人爭相合照的人型立牌，聲音的被辨識度也超高！只不過是開口詢問，就立刻被認出：「妳是不是在巨人隊主場服務的瑞諾？」她的定位相當的多，但我認爲她被稱爲「足以代表舊金山的人物」之一也不爲過！

她曾說過這一切都是她從來沒想到過的回報；但無心插柳，單純地本著初衷的結果也會是美好的，不是嗎？

常sir的Memo

瑞諾是美國職業運動史上第一位在冠軍賽中擔任主場司儀的女性，因而進入位於紐約州古柏鎮的棒球名人堂。她可以說是職業運動的先行者，一位開創先河的女性拓荒者；正如同他的父親在一九六八年打破種族藩籬，成為舊金山公立學校的第一位黑人高中校長一樣！這一對父女用不同的方式助人，同時也服務人群；到最後，他們所獲得的肯定和個人的收穫都是始料未及且讓人暖心的。

多采多姿的場邊巨人

透納體育頻道場邊記者克雷格．塞格 Craig Sager

二〇一六年七月十三日，在ESPY（Excellence in Sports Performance Yearly Award）——這是由美國ESPN設立，專門表揚年度最佳運動員和運動相關產業傑出人士的獎項）的頒獎晚會上，隨著五彩繽紛的舞台設計加上打扮入時、眾星雲集的運動相關產業人士和運動員，典禮現場一如既往的熱鬧滾滾。但當現年六十四歲的透納體育頻道知名場邊記者克雷格．塞格（Craig Sager）穿著他的招牌訂製花西裝緩緩走上舞台時，全場都屏息以待；這時他的特色西服真的有種和舞台融合的感覺。

當天塞格在知名WWE美國職業摔角娛樂事業明星選手希拿（John Cena）的引言，和全場明星運動員、主播、球評起立鼓掌的動人場面下出場，他用抹去眼淚的雙手從頒獎人——美國時任副總統拜登——手中接過吉米五世最佳毅力獎（Jimmy V Perseverance Award）獎座，讓現場氣氛進入最高峰！

正如他在領獎時的致詞：「**我們從其他人身上看到生命之美，同時我們也在明天看到希望。如果沒有信念和希望，我們就像是一無所有。**」塞格在二〇一六年十二月十五日因爲血癌過世，在此之前，他都對生命、對工作抱持著最高度的熱忱和期望。他生性樂觀，曾說過：「每一天都是一張全新的畫布，就看你怎麼畫這一幅畫了！你可以讓它充滿歡樂，也可以灑滿淚水；它可以滿載著希望，當然也可能承載著失去。」

塞格在一九五一年出生於美國的伊利諾州的貝塔維亞。從小就渴望在天空無拘無束地飛翔，對墨守成規毫無興趣，他的人生哲學就是「把每一天，甚至是每一小時、每一分鐘都活出最大值，活得最豐富」。在他的人生中，最接近職業運動員的時刻有兩次：第一次是在高中時期，身高一八八公分的他在付出了所有的努力之後，發現他離成爲運動員始終有段距離，於是他考慮往空軍飛行員發展，因爲在塞格的心中那是最能刺激他，使他的腎上腺素飆升的工作。但是事與願違，他並沒有能夠如願加入空軍，反而是到西點軍校報到。

這和他的志願全然不同的改變並沒有維持太久，兩週之後，塞格因爲軍校的規矩太多，所提供的未來也不是他的想望而離開全美最著名的軍事學校。在一九六九年，他進入全美知名、位於芝加哥北邊的西北大學就讀，在校期間他先加入美式足球隊，但是就在球季開打前的一次團隊練習中，塞格不幸在同一天經歷兩次腦震盪，這讓他不得不決定放棄美式足球，轉而選擇籃球；也是在這段期間他發現自己對於主播工作很有興趣，同時成爲校隊的吉祥物長達三年之久。

一九七三年，塞格從西北大學口語系畢業，接下來他分別在佛州和薩斯市展開運動播報生涯。在他擔任場邊記者生涯中的第一個高峰是在一九七四年四月八日，當漢克阿倫（Hank Aaron）打出生涯中第七百一十五支全壘打，打破了由貝比魯斯所保持的生涯七百一十四支紅不讓記錄，成爲美國職棒史上的全壘打王時，塞格是第一個躲過警衛、衝進場中的記者之一！他過世的時候，阿倫也是其中一位公開發文哀悼的傳奇人物。

塞格的播報生涯也不是一直這麼順遂，他曾做過週薪不到一百美元的廣播新聞節目總監，也有過短時間擔任氣象主播的經驗；沒想到這個短時間的工作經驗竟然是他第二次最接近職業運動員的跳板！

當時帶領他的長官克里潘先生也是運動節目總監，讓他有機會接觸到另一家電視台，正式開啓他轉播美國職棒皇家隊的春訓賽事的契機。這是他再次也是正式進入職業運動播報的源頭。接下來，他在職業美式足球、美國國家隊的國際賽事，以及帶狀體育節目的播報中嶄露頭角，就連冬季奧運也不缺席。從地方台的比賽到全美聯播（TBS、TNT）的NBA美國職籃大賽的場邊記者都有他的身影。正當你以爲他一身彩色多變的花西裝是他的招牌同時，你正好錯過了內容豐富多元的訪談內容。（觀眾常常會先注意他的特別訂製西裝，而忘了注意聽他的訪談內容。）

「只有自己能對自己負責」是他的工作態度，每當他在訪問之前，從大綱擬定、到架設機器和對焦都是自己來，許多事情他完全不假手他人。一個人看待自己的方式也會忠實地反映在工作和日常生活上，塞格始終忠於自己，有專屬於他的「塞格風」。美國職棒大聯盟的名人堂球星布萊特（George Brett）曾經用「不喊累的工作者」來形容塞格，但他並非想要用他的風格或方式影響任何人，他所做的就是忠實的呈現自我，希望他人也可以感受到他所感受到的。

二〇一四年四月，塞格第一次確診罹患血癌。經由配對之後，長子塞格二世捐贈了骨髓使他得以進行骨髓移植手術，但也讓他在術後復原期間無法參與美國職籃季後賽工作。當二〇一五年三月血癌第二次來報到時，正值NBA二〇一四至一五年的球季，塞格深怕又再度造成遺憾於是下定決心：他再也不缺席任何一場透納電視台現場直播的例行賽。

他第二次接受骨髓移植手術後的每個上班日對他而言都是一項新的挑戰！即使早上帶著虛弱的身體到醫院檢查，到了比賽場館中仍然像隻花蝴蝶般穿梭其中。他說：「今天我要挑戰的是繼續到球場，到選手和教練的身邊，把我最喜歡的工作做好做滿。」

塞格在ESPY頒獎典禮上致詞時強調：「一個人的想法會影響他的感受，而一個人的感受會決定他的行動。」二〇一六十二月十五日這一天，也是塞格和他第二任妻子史黛西．塞格（Stacy Sager）結婚十四週年紀念日的隔天，塞格靜悄悄地離開人間。沒有華麗預設的退場機制，少了色彩繽紛的訪談畫面，只有一位曾帶給所有人能量和愛的天使離開了大家。

史黛西事後表示：「我打從心底相信這一定是塞格的細心安排。他就是個不自私的人。」

我也覺得是。

正當我在寫這一本新書的同時，我的棒球球評——前中華隊當家一壘手也是隊長的潘忠韋正在和突然出現的急性白血病奮戰之中，謹以本文和塞格的精神一起祝福喇叭（忠韋的綽號）早日康復、戰勝困境，回到健康人生和正常生活！

常sir的Memo

克雷格·塞格（Craig Sager）二〇一六年十二月十三日進入運動轉播名人堂。過世後於二〇一七年獲頒運動界的艾美獎——傑出體育人士及體育記者獎。同年獲頒美國籃球名人堂「科特·高迪媒體人獎」。

你可以再給自己一次機會

美國運動經紀人史坦伯格 Leigh Steinberg

在灑滿陽光的辦公室裡，坐著一位身材修長、談吐誠懇的熟齡阿伯。如果你仔細打量著史坦伯格（Leigh Steinberg）這位已經七十歲的阿伯，可能會讓你想起電影《征服情海》中飾演傑瑞．馬奎爾（Jerry Maguire）的湯姆克魯斯（Tom Cruise）。

也許少了阿湯哥的帥氣，然而史坦伯格先生卻是位眞材實料的運動經紀人，他被公認是人生劇場中的Jerry Maguire。在他擔任經紀人的生涯中，他破記錄地總共八次代表NFL選秀會[20]（National Football League）中的狀元選手，爲他們帶來「給我美金，其餘免談（Show me the Money）」的結果。在鼎盛時期，他的客戶遍

20 職業美式足球一年一度的新人選秀會，這是想要加入職業美式足球的業餘年輕球員進軍職業生涯的跳板。

及美國三大職業運動中的籃球、美式足球和棒球。此外，他也爲拳擊和奧運選手服務。以下這些運動場上的超級明星都是他的客戶：職業美式足球四分衛楊恩（Steve Young）、艾克曼（Troy Aikman）和職業拳擊冠軍選手德拉荷亞（Oscar De La Hoya）。

在現今我們所熟知的超級經紀人波拉斯（Scott Boras）[21]出現之前，史坦伯格就像是經紀人的始祖，屬於這一行的祖師爺。

可是，早年的史坦伯格可不是每位選手都「高攀」得上的運動經紀人。他大部分的客戶都是極爲出色的明星選手，爲選手和球團談一筆大合約是他的日常。在他略帶稚氣的笑容下有一張能說善道、精於溝通的嘴。「準備好支票再來和他開會」是球團總經理都知道的眞理。

這位已經有超過四十年執業的運動經紀人出生在一個書香氣息濃郁的家庭，父親是老師，母親在圖書館擔任管理員。據說，他在大學時代就說服了賈伯斯和沃茲尼克（Stephen Gary Wozniak）一起共同創立蘋果電腦，現在的果粉應該也要崇拜以及感謝一下當年他的口才和遠見！他的祖父在加州比佛利山莊開設的餐廳更是星光熠熠，許多大大小小的明星都在這裡流連忘返過。

在史坦伯格的收藏品中有貓王年輕時親簽的吉他；在他小時候，更是少數幾個知道性感女神瑪麗蓮夢露的大腿皮膚有多好的幸運兒之一。而他第一次去看棒球比賽時，身邊除了有祖父約翰之外，還有當年紅透半邊天的美國喜劇演員、歌手兼作家柏恩斯（George Burns）。

一九七五年，牡羊座的史坦伯格一腳踩進了運動經紀這一個行業，腳踏帆船鞋身穿短褲的他，可能是史上最自在休閒的運動經紀人了吧！

雖然沒有名牌西裝和規規矩矩的絲質領帶，但從他的口中說出的話總是帶著影響力。當時他提出：只要旗下的運動員願意回饋鄉里和母校，就有機會幫助他們提升知名度和增加收入，同時鼓勵他們爲反毒、拒絕霸凌和家暴發聲；致使他的客戶

---

21 波拉斯，目前也是旅美左投陳偉殷的經紀人。善於幫旗下的選手爭取符合，或甚至有點超越身價的大合約著稱。他對選手照顧有加，他的經紀公司有許多專責團隊照顧選手的各種身心需求。

在社區中大受歡迎，成爲服務社群的典範。在這一連串鼓勵他人的過程中，他也做了良好的示範。舉例來說：他將博愛的精神貫注在運動場館的綠化環保；發起研討會，召集神經醫學醫師共同關心職業美式足球選手高暴露於腦震盪危險的問題。這些關懷社會、愛屋及烏的處事理念在九〇年代中期鮮少人注意，是比他人早一步想到的內容和方式，他成爲了運動醫學的警示預報員。

不幸的是，一九九九年他決定把他的經紀公司以一億兩千萬美金賣出。進入千禧年，史坦伯格開始走下坡，速度奇快，身邊的人再也看不到他光鮮亮麗的生活和合身挺拔的條紋西裝。他最常出現的場景從球團辦公室、明星選手的家中變成了民事法庭，簽名的不再是合約而是離婚證書、法院傳票和同事之間的官司判決書。甚至在他的人生低谷時，遭遇父親過世、太太離異、兒子健康亮紅燈，接著他宣告破產、酗酒，最後只能和媽媽一起住在家裡。

曾經風風光光的超級經紀人，突然變成了無業遊民。然而，人生中誰又不是曾經歷過高潮和低谷，誰又沒有過煩惱和麻煩呢？

史塔伯格試圖從山谷裡爬出來，遠離負面的原力，重新開設經紀公司立足在他所熟知的場域。在他能再度呼風喚雨之前，他必須重新建立起客戶對他的信任。史坦伯格瞭解，這個過程只能用時間來換取，操之過急的結果有可能就像是九局下半落後一分，一人出局，跑者分占一二壘，然後輪到你上場打擊，第一球就揮中投手的引誘球打出雙殺打一般。

二〇二〇年的第五十四屆職業美式足球超級盃（NFL Super Bowl）在佛羅里達舉行，史坦伯格又再一次舉辦超級盃趴踢。目前在史坦伯格運動娛樂經紀公司旗下的二十二位客戶中的馬荷姆斯（Patrick Mahomes），就是與賽的堪薩斯酋長隊四分衛。當比賽來到決勝的第四節，酋長隊還落後給對手49人隊十分，時間僅僅剩下不到九分鐘就要決定勝負了。就在此時，馬荷姆斯一手主導了超級盃史上最讓人難忘的豬羊變色大逆轉，帶領酋長隊擊退強敵，拿下隊史上第二座冠軍。這也是相隔了五十年之久的超級盃冠軍，同時馬荷姆斯也獲選爲本屆的超級盃MVP！史塔伯格眼裡看著的畫面是這個年輕小夥子在賽後心滿意足、神采飛揚的笑容，白髮蒼蒼的伯伯腦海中浮現的是：終於又輪到我了！

現在的他重整旗鼓、努力振作，準備給我們的是史坦伯格Part2。

人生如戲，戲如人生。

有好幾部和運動相關的電影時常請到史坦伯格出任顧問，如《往日柔情》[22]（For the Love of The Game）和《挑戰星期天》[23]（Any Given Sunday），再來就是我們熟知、以他過去的人生爲藍圖來描寫的電影《征服情海》（Jerry Maguire）。

很多人愛看好戲，更愛看人生中從低谷重振、由黑翻紅的故事。這位阿伯的年紀也許不再讓他能夠走路有風、意氣風發，但是他的人生經驗值或許不亞於當年不可一世的自己。他用眞實人生所主演的「征服情海第二集——黑白人生變彩色」，值得你我借鏡！

常sir的Memo

史坦伯格曾說過自己的初衷是：「我始終相信自己會盡力地幫助客戶在職涯上和人生中達成目標。」如今我相信他可以把自己再度推向屬於史坦伯格的第二高峰！

22 由凱文科斯納主演的一部棒球運動電影，劇情描寫的的是一位知名投手場內外的競爭壓力和生活態度。

23 《挑戰星期天》則是講述職業美式足球的一部電影，電影談到如何靠著團隊力量谷底翻身，令人刮目相看。主要演員有艾爾帕西諾和卡麥蓉狄亞茲。

消失不見的一百公尺

美國紐約之聲體育主播格里克曼 Marty Glickman

這篇想告訴大家的是一個悲劇；起碼，我認爲它有成爲悲劇的條件。然而，在告訴大家這個令人難過的故事之前，必須要從讓人開心的事情說起。是不是有點諷刺？

一九九八年，在紐約的猶太運動名人堂的典禮上，時任美國奧會主席的海博（William Hybl）把麥克阿瑟獎章頒給了全美知名的體育主播——已經高齡八十歲的馬蒂．格里克曼（Marty Glickman）。他走上舞台的速度當然不如年輕人，應該也很難讓大家聯想到他曾經是三〇年代的美國短跑好手。獲得這個獎項是美國奧運委員會特別設立，受獎人都是倍受肯定，在代表美國參加奧運的過程中付出或足以成爲典範的傑出人士和運動員。然而老爺爺獲得表揚是因爲他長時間堅守崗位，爲觀眾帶來精采的轉播內容嗎？還是有其他優異的表現呢？

一九一七年正值第一次世界大戰，一位出生在紐約的猶太裔美國人，如同他日後所展現疾行如風的速度一樣，迫不及待地來到這個世界。在八十三年的精采人生之中，格里克曼用他的雙腿，和他的言語改變了運動的世界。在主播生涯中，他所代表的是紐約這個世界首屈一指的城市；被稱爲「紐約之聲」（The Voice of New York）是對他的最大肯定。他也許不是一位被運動員生涯耽誤的體育主播；然而肯定是一位被政治因素影響的運動員！如果沒有他這麼一位出色的運動主播成爲媒體界的先鋒，我所從事的行業將會少了一個最佳典範。同時，他也是位樂於助人的前輩以及傳奇人物。

一九三六年在德國柏林奧運會前，來自雪城大學的馬蒂・格里克曼入選了美國奧運代表隊。由於他從小就有過人的短跑速度，求學生涯並沒有碰到太多阻礙。進入位於紐約州的雪城大學後，他出色的表現使得他在大一即和另外三位好手組成四百公尺接力奧運代表隊[24]。原本這個夢中才有的舞台，不料卻成爲惡夢的開始！

儘管父母親是從羅馬尼亞移民到美國的，但他是猶太人仍是事實；同隊隊友中還有另一位有類似背景的美籍猶太裔短跑好手山姆．史托勒（Sam Stoller）；兩人帶著前進奧運、爲國爭光、揚名體壇的目標，準備到柏林參加國際體壇上每隔四年才有一次的盛會。這一天早上，兩名穿著印有美國國旗的國家隊制服，信心滿滿的年輕人正整裝待發，準備要穿過滿是世界級運動員的走廊離開選手村，前往奧運會的田徑場參加人生第一次的奧運男子四百公尺接力。但卻突然收到田徑選手集合開會的通知，接下來的場景和對話簡直令人無法置信！

當時的德國，是由希特勒所統治的第三帝國，首都就是那屆奧運舉辦之處柏林。經過了蕭條的年代，德國正在復甦。在希特勒的眼中，這一個可以容納十萬人的奧運主場館正是他展現國力的最好媒介；同場加映的還有亞利安種族的優越感。這種優越感就像是地球上存在著陽光、空氣、水一樣的理所當然。當然，歷史也一再地告訴我們他有多麼痛恨猶太人！

在美國田徑代表隊的會議中，教練宣布格里克曼和史托勒當天不必參加比賽，代替他們出賽的是已經拿下一百公尺、二百公尺和跳遠金牌的歐文斯（Jesse Owens）及麥特考夫（Ralph Metcalfe）。這個突發狀況讓面面相覷的格里克曼和史托勒不敢相信他們眼中所見和耳中所聞，只能和隊友一一道別，轉頭看著隊友站上世界舞台、甚至有機會完成夢想。

然而事件背後的眞相是：在男子四百公尺接力登場之前，希特勒的左右手戈培爾（Paul Joseph Goebbels）和美國奧會主席布朗德基（Avery Brundage）聯絡，傳達的訊息是：「如果希特勒看到在他的運動場上出現猶太人，那麼他會很不高興！」於是，在布朗德基和田徑代表隊教練克朗威（Dean Cromwell）討論過之後，決定編造一個故事，要把史托勒和格里克曼一起換掉。

就在出發前往比賽場地之前，他們用瓊瑤小說般的細密舖陳，加上湯姆．克蘭

24 根據日後格里克曼看了自己在美國所舉辦的奧運男子百公尺選拔賽的比賽畫面後，他應該是排名第三，有代表美國參加百公尺項目的資格才對。只是這項成績在當時被做掉了，排名落到第五；因此除了接力項目之外，他原本還有另一次和世界上的一流好手一爭高下的機會。

西（Tom Clancy，軍事暢銷小說家）的小說情節，不經意地透露給各國的短跑選手：德國人準備了祕密超跑選手，要在奧運會上讓實力足以問鼎金牌的美國隊吃癟，準備把金牌留在德國！因此，美國方面在得知這個重要訊息後，於預賽前先把年僅十八歲的格里克曼和史托勒換成金牌選手歐文斯和麥特考夫，確保美國隊有更大的機會拿下四百接力冠軍，是美國奧會認爲的最佳因應之道。

就這樣，兩位運動員前進奧運的夢想成了幻影，就像魔術表演中被手帕蓋起來的白鴿一樣「咻，不見了」！

即便當事人歐文斯提出反對意見，也無法改變已經鐵了心的布朗德基及克朗威不想冒犯希特勒的執念。眼看著在決賽中實力強勁的美國隊以打破奧運會記錄的表現領先通過終點，德國隊只拿到第三——這還是因爲荷蘭隊在交棒區犯規才遞補名次的銅牌！原本有機會拿到男子四百公尺接力金牌的格里克曼看著隊友站上頒獎台，將金牌掛在胸前、耳中聽著國歌，心中的五味雜陳不足爲外人道。

而在奧運會結束後，美國代表隊並沒有立刻返國。格里克曼、史托勒兩人和取代他們的四金得主歐文斯、麥特考夫上演了一場非正式較量賽，結果兩位年輕猶太人在比賽中獲勝。這種私下比試過招的結果也許不能代表什麼，但起碼說明了這兩位沒上場的年輕人實力不弱。此外，說巧不巧，在奧運會結束的幾年之後，當德國準備在美國首府華盛頓建造大使館，需要建設公司承包工程的時候，這份建築合約就「正好」到了布朗德基的公司。眞是無巧不成書啊！

所有不解的問號和忿忿不平的情緒一直跟著格里克曼，三十年不曾散去。原本得以有面奧運金牌當做傳家之寶，讓他的孫子和曾孫知道在家族中曾有過這麼光榮的時刻，但無辜的他和隊友，只因爲與生俱來的血統，成爲美國在奧運會史上唯一兩位入選了代表團卻完全沒有出賽的運動員。

說起來也是無心插柳，馬蒂．格里克曼帶著沮喪的心情離開柏林，回到雪城大學在相關領域展現自己另一方面的天賦。除了短跑外，美式足球也是他擅長且熱愛的運動項目。在代表學校出戰康乃爾大學的比賽中，他的兩度達陣幫助球隊最後打敗對手。當時有廣播電台找上他，使得格里克曼在學生時期就開始接觸運動主播這個工作。而他在一九三九年大學畢業之後，正式展開主播職涯，並且在一九四七年當上總監。

當美國職業籃球開打後，他擔任紐約尼克隊的第一任主播，咬字清晰、創意十足的用語讓人聽了上癮，也吸引愈來愈多的觀眾，而他也轉播其他運動項目：如拳擊和棒球。然而，奠定他在美國運動播報史上如凱薩大帝一般地位的則是美式足球！

他在廣播電台轉播紐約巨人隊的比賽長達二十三年，後來又在紐約噴射機隊擔任十一年的球隊主播。他即使忙於工作，也願意花時間幫忙向他請教的同行後輩，直指問題核心地解決困擾或建議對方可以再精進的地方。他總是用鼓勵的方式希望每個人都能更好！

格里克曼於二〇〇一年過世。獎章不能取代獎牌，有些事情不能重來；回顧他的人生，當大半的時間都在爲熱愛運動的觀眾帶來一場又一場精采的轉播內容的同時，對於他而言，運動生涯中最重要的一場戰役卻只是一枚空包彈，連被轉播的機會都沒有。令人唏噓。

常sir的Memo

格里克曼是紐約籃網隊的第一任主播（當時NBA和ABA兩聯盟尚未合併），他當時已經在比賽轉播中使用許多當代主播現今仍繼續使用的形容詞。比如在籃球場上的罰球圈外就用「鑰匙前端」（Top of the key）來形容——因為若是從鳥瞰俯視的角度來看罰球圈加上禁區的外型，就像是我們常用的鑰匙，由一個圓形和瘦長的長方形組合而成一樣。

總是爲了大局著想的十號隊友

遊騎兵隊全方位游擊手麥可．布萊恩．揚 Michael Brian Young

在二〇一九年八月三十一日仲夏的午後，室外溫度是華氏一〇五度（攝氏四十度）。在德州遊騎兵隊的主場上人人忙進忙出，準備進行的是麥可．布萊恩．揚（Michael Brian Young）的背號——十號的退休儀式。在他致詞之前，全場球迷用他們的熱情、已經泛紅的手掌和阿靈頓的酷暑對峙，全場起立鼓掌致敬超過一〇五秒，這或許是他早該得到的尊重和感謝。他不但是球隊最好的隊友，也是社會大學裡大家的好朋友；你可能很少注意到他，但是他從來沒有忘記過要爲球隊、爲社會付出。

麥可在二〇一九年首次具備參加名人堂票選的候選人資格，有進入美國棒球名人堂的機會。雖然他得票率不高，然而在遊騎兵隊的球迷心中，這位在隊史上出賽場次最多、安打量產隊史第一的選手，早在二〇一六年已進入球隊的名人堂，可說是球隊的代表性人物了。

爲什麼我說他是十號隊友呢？除了他的背號是十號之外，我們很常用「十號隊友」來形容爲球隊無怨無悔加油打氣的應援部隊，在我心中，麥克的存在與付出對游騎兵來說就是如此。

他的職業生涯是以游擊手這個防守位置[25]出發的，但是到他的釘鞋高掛爲止，麥克竟然守遍了內野所有的防守位置，還加上擔任球隊的指定打擊。

二〇〇一年，球隊第一次要求他改練二壘手，以便讓剛簽下大合約的游擊金童羅德里蓋茲（Alex Rodriguez）加入球隊，並且在他熟悉的位置上出賽。當然，還是小咖的麥可接受了。

二〇〇四年，是他第二次更換守備位置。由於入團三年的羅德里蓋茲被球隊

25 Shortstop，通常簡寫成SS，指的是在棒球或壘球比賽中，負責防守二、三壘間的球員。

交易到洋基隊後，游擊位置上出現空缺；以往守過游擊的麥可主動告知球隊他可以回到這個位置，這樣做讓在這筆交易中遊騎兵得到的二壘手索里安諾（Alfonso Soriano）能夠很快融入新環境進入比賽狀況。爲了全局，他的確想得很周到。

五年後，球隊準備要迎接一位大人物新秀晉升到大聯盟，希望當時已經三十二歲的麥可把游擊的位置讓出來；這位新秀就是經由交易來到球隊的小貓王安德魯斯（Elvis Andrews）。當時二壘手已經有了金斯勒（Ian Kinsler），他只能改守三壘；雖然二〇〇八年麥可才剛拿到游擊手的金手套獎，還在擔任球隊先發游擊手的這段時間年年入選明星賽；但球隊似乎不太在意，依然提出這樣的要求。

這次守備位置的轉變曾引起麥可對於球隊不滿而首次要求交易。然而，最終他還是續留遊騎兵隊，做好自己的本分，在場上盡心盡力爲球隊貢獻，繳出了亮麗的成績單。帶領球隊走出連續四年在美國聯盟西區排名不佳的泥沼，開啓了二〇〇九年到一三年的五年黃金時期！

但如果你以爲這次事件是麥可最後一次相讓，那麼不好意思，你猜錯了。

二〇一一年一月，遊騎兵隊計畫要從自由球員市場上以六年、九千六百萬美元的合約簽下時年三十二歲、搶手的金手套三壘手貝爾崔（Adrian Beltre），除了防守，他也有不錯的打擊能力。如果按照如意算盤，貝爾雀會接管先發三壘手的工作。而爲了球隊不斷地改變位置的麥可，這一次可能會犧牲的是上場時間和角色！他只能以三十四歲的年紀轉任球隊的指定打擊，或是可以遞補多個位置的工具人。

接受到這個訊息後，麥可體認到這是孰可忍孰不可忍的臨界時刻，持續努力爲球隊付出是他的一貫態度，始終認爲自己的身手一直保持良好，這一回他眞的怒了！他採取的行動是和球隊攤牌，要求遊騎兵隊給他一條生路，到其他地方繼續他的棒球路。

這對於一個熱愛球隊，擁抱球迷又熱心服務社區的麥可來說，這樣的要求是萬般無奈的錐心之痛。然而，在一個十天的加州之旅後，麥可改變了他的想法，他和球隊與媒體宣布：只要能夠幫助球隊網羅好手、補強戰力，他決定接受球隊的安排。直到二〇一二年球季結束之後，他被球隊交易到東岸的國家聯盟費城人隊，最終在同一年於洛杉磯道奇隊結束他的職棒生涯。

麥可的棒球生涯共加總了四個不同的防守位置，防守成功率高達九成七九，這是什麼樣的概念？

簡單來說，如果對方的打者打一百顆球到他的守備位置上，他只有平均二．一顆球會出現失誤漏接。不是只有一個守備，是四個加總得到的結果！這對於一位在二壘、三壘和游擊防守都超過三千八百局，在一壘的防守將近八百九十局的選手而言，是相對很出色的表現了！放眼目前的大聯盟，大概也只有過去在太空人隊，現在在雙城隊的岡薩雷茲（Marwin Gonzalez）能夠和他相提並論！

談完了他的超高配合度，可能你會好奇，他的重要性真的那麼大嗎？答案是毫無疑問的三個字母「YES」。

大聯盟的選手多如過江之鯽，要能打那麼久，同時生涯打擊率能夠保持在三成的選手可不算太多，麥可是其中之一。自一九四〇年以來，只有寥寥可數的打擊魔人能夠連續四個球季都至少打出兩百支安打，鈴木一朗是其一，伯格斯（Wade

Boggs）是其二，還有一位是雙城先生帕基特（Kirby Puckett）。麥可也有連續五季都能至少累積二百支安打的記錄；要不是手指受傷影響了他，再來一個一季打出至少二百支安打的表現也不是癡人說夢，同時他也是二〇〇五年球季美國聯盟的打擊王和安打王。二〇一一年，他在遊騎兵隊只差一個出局數就能讓整隊拿下隊史上第一個世界冠軍，同時他也又一次勇奪美聯安打王，穩定的火力和領袖氣質正是遊騎兵隊不可或缺的！

有墨西哥血統的麥可，雖沒能在生涯的最後一季繼續爲德州遊騎兵效力，因爲在二〇一二年結束後，他被交易到費城人隊去，開始防守一壘；但我想他永遠是遊騎兵隊史上的最具代表性的人物。

在十四年的大聯盟生涯、最終在洛杉磯的道奇隊畫下句點之後，他選擇了另一個助人爲樂的工作——和太太一起成立兒童防癌基金會，也設立獎學金給年輕學子，還創辦麥可．揚家庭基金會，不管是身心層面或是教育需求，都專注於幫助年輕的下一代。

此外他也不只一次得到大聯盟球員工會所設立的馬文・米勒年度風雲人物獎（Marvin Miller Man of the Year Award）。這個獎項主要是表揚「無論在球場上的表現和對場外社區的貢獻都能於他人有所啓發，同時能激發他人更上層樓」的選手。一九九七年這個獎項設立以來只有他和約翰・史摩茲（John Smoltz）[26]，克提斯・格蘭德森[27]（Curtis Granderson）以及吉姆・通美[28]（Jim Thome）多次獲獎。

麥可・揚不是全能，但是在球隊的要求以及著眼全局的態度之下，他什麼都能。他不算要角，可是在日復一日的比賽場中，幾乎場場有他。全勤打卡上班也從來不是問題。

他是麥可・揚。

常sir的Memo

如果一位選手能讓他的隊友知道他會在他們需要的時候出現，那就再好不過了！

（The best thing that any player can do is to let his teammates know he'll be there for them.）

26 史摩茲是美國職棒大聯盟投手，也是八屆明星球員和名人堂選手。

27 美國職棒大聯盟外野手，三屆明星球員，曾經擔任美國職棒大聯盟大使。

28 通美於生涯共打出六一二支全壘打的內野手，曾五次入選美國職棒大聯盟明星隊，同樣也是名人堂球員。

VUJ0107

主播台下的好球帶人生

那些MVP教我的三十件事，不只是一場賽事，輸贏之前，是做好準備，輸贏之後，是團隊精神！

作者—常富寧
主編—林潔欣
企劃—許文薰
封面設計—林秦華
版型設計—徐思文
排版—游淑萍
攝影—張明偉
梳妝—何屏
髮型—Asia, Bellin HairDesign
服裝提供—新加坡商金林德伯格股份有限公司台灣分公司
特別感謝—博士倫股份有限公司

第五編輯部總監—梁芳春
董事長—趙政岷
出版者—時報文化出版企業股份有限公司
一〇八〇一九臺北市和平西路三段二四〇號三樓
發行專線—（〇二）二三〇六—六八四二
讀者服務專線—〇八〇〇—二三一—七〇五
（〇二）二三〇四—七一〇三
讀者服務傳真—（〇二）二三〇四—六八五八
郵撥—一九三四四七二四時報文化出版公司
信箱—一〇八九九臺北華江橋郵局第九九信箱
時報悅讀網—http://www.readingtimes.com.tw
法律顧問—理律法律事務所　陳長文律師、李念祖律師
印刷—勁達印刷股份有限公司
初版一刷—二〇二〇年八月二十一日
定價—新臺幣三五〇元
（缺頁或破損的書，請寄回更換）

時報文化出版公司成立於一九七五年，
並於一九九九年股票上櫃公開發行，於二〇〇八年脫離中時集團非屬旺中，
以「尊重智慧與創意的文化事業」為信念。

主播台下的好球帶人生——那些 MVP 教我的三十件事，不只是一場賽事，輸贏之前，是做好準備，輸贏之後，是團隊精神！／常富寧著．-- 一版．-- 臺北市：時報文化，2020.08
面；公分．-
ISBN 978-957-13-8303-3（平裝）
1. 自我實現 2. 成功法
177.2　　109010537

ISBN 978-957-13-8303-3
Printed in Taiwan

對折線

主播台下的
好球帶人生

王者無懼逆轉勝

充滿驚嘆號的

「一眼瞬間」！

The greatest thing about tomorrow is I will be better than I am today.

—Tiger Woods

主播台下的
好球帶人生

運動家精神

就連「演員」也不一定能碰到

這麼有啟發性的劇本！

It always seems impossible until it's done.

—Nelson Mandela